高等教育自学考试日语专业系列教材

日 语 写 作

主编：金 勋
编委会成员：苏 梦 吴 丽
　　　　　　黄成皎 史 歌

图书在版编目(CIP)数据

日语写作/金勋主编.—北京：北京大学出版社,2011.1
(高等教育自学考试日语专业系列教材)
ISBN 978-7-301-16169-2

Ⅰ.①日…　Ⅱ.①金…　Ⅲ.①日语－写作－高等教育－自学考试－教材　Ⅳ.①H365

中国版本图书馆 CIP 数据核字(2009)第 222790 号

书　　　名：日语写作
著作责任者：金　勋　主编
责 任 编 辑：兰　婷
标 准 书 号：ISBN 978-7-301-16169-2/H·2379
出 版 发 行：北京大学出版社
地　　　址：北京市海淀区成府路 205 号　100871
网　　　址：http://www.pup.cn
电　　　话：邮购部 62752015　发行部 62750672　编辑部 62754382　出版部 62754962
电 子 信 箱：lanting371@163.com
印　刷　者：三河市博文印刷厂
经　销　者：新华书店
　　　　　　787 毫米×1092 毫米　16 开本　10 印张　158 千字
　　　　　　2011 年 1 月第 1 版　2013 年 12 月第 2 次印刷
定　　　价：25.00 元

未经许可,不得以任何方式复制或抄袭本书之部分或全部内容。
版权所有,侵权必究
举报电话：(010)62752024　电子信箱：fd@pup.pku.edu.cn

《高自考日语专业系列教材》总序

《高等教育自学考(简称"自考"或"高自考")是对自学者进行的以学历考试为主的高等教育国家考试,是个人自学、社会助学和国家考试相结合的高等教育形式,是我国社会主义高等教育体系的重要组成部分。其目的是通过国家考试促进广泛的个人自学和社会助学活动,推进在职专业教育和大学后继续教育,造就和选拔德才兼备的专门人才,提高全民族的思想道德、科学文化素质,适应社会主义现代化建设的需要。目前,高等教育自学考试已成为我国规模最大的开放式高等教育形式。

北京市于2006年开设了高等教育自学考试日语专业(本、专),主考院校是北京大学。随着人才市场需求的变化,日语专业的考生每年都在迅速地增长,形势喜人。

为满足自考生的需求,在北京大学出版社的策划下,北京大学外国语学院日本语言文化系负责编写了这套《高等教育自学考试日语专业系列教材》,包括《初级日语》、《中级日语》、《高级日语》、《日语视听说》、《日语会话》、《日本文学选读》、《日语写作》、《日语笔译》、《日语口译》、《日语语法教程》、《日本概况》等。这套教材的特点是重视实践,有利于应用型人才的培养。教材编写以北京大学外国语学院日本语言文化系的教师为主,同时还动员了一些兄弟院校的教师加盟这项工作,执笔者都是教学经验丰富的教师和教学骨干,欢迎广大考生和读者提出批评和修改意见。

衷心地祝愿高自考日语专业不断扩大,顺利健康地发展下去。

北京大学外国语学院日本语言文化系教授、博士生导师
北京市高自考日语专业委员　　彭广陆
2009年3月31日

目　　录

基　础　篇

第一章	标点符号及其应用	2
第二章	书面语与口语	5
第三章	介绍文（一）	8
第四章	介绍文（二）	11
第五章	说明文（一）	14
第六章	说明文（二）	19
第七章	日常信函	22
第八章	商务信函	30
第九章	日记	37
第十章	感想文	42
第十一章	演讲文（一）	47
第十二章	演讲文（二）	61
第十三章	研究报告	69
第十四章	学术论文	72

应　用　篇

第十五章	祝贺信	88
第十六章	邀请函	92
第十七章	感谢信	95
第十八章	慰问信	98
第十九章	通知	100

第二十章	诉讼状	103
第二十一章	明信片	107
第二十二章	申请书	109
第二十三章	介绍信	112
第二十四章	证明信	114
第二十五章	询问信	116
第二十六章	传真	118
第二十七章	电子邮件	120
第二十八章	手机短信	122

附录一	日语写作常用句型	125
附录二	练习参考答案	138
北京市高等教育自学考试课程考试大纲		144

基 础 篇

第一章　标点符号及其应用

一、书写格式

1．横写

1）标题：一般情况是空3-4个格，也要考虑到标题的长度。
2）姓名：靠右侧写，后侧空一格
3）正文：正文首行空一格。正文从第三行或第四行开始写均可。

		食	の	安	全	を	支	え	る	「	オ	リ	ン	ピ	ッ	ク	」	野	菜
																		劉	環
	オ	リ	ン	ピ	ッ	ク	の	開	催	期	間	、	北	京	は	国	内	外	から |七
百	五	十	万	人	も	の	人	々	を	受	け	入	れ	る	と	予	想	さ	れ	て	い
る	。	大	会	に	参	加	す	る	選	手	や	コ	ー	チ	を	は	じ	め	、	各	国
の	政	府	関	係	者	や	メ	デ	ィ	ア	関	係	者	、	そ	し	て	観	客	や	観
光	客	た	ち	だ	。	彼	ら	の	食	を	満	た	す	た	め	に	、	野	菜	の	需
要	量	は	一	日	あ	た	り	約	五	千	ト	ン	に	達	す	る	。				

4）拗音、促音、长音：拗音和促音写小一些，在方格的左下角；长音须写在方格的中央。

さ	っ	そ	く	会	議	を	始	め	た	い	と	思	い	ま	す	。
会	議	中	で	し	ゃ	べ	る	の	を	ご	遠	慮	く	だ	さ	い	。
メ	ー	ル	を	い	た	だ	き	ま	し	た	。					

5）数字的写法

20	08	年	8	月	8	日	、	2	0	0	以	上	の	国	家	と	地	域	が
北	京	オ	リ	ン	ピ	ッ	ク	に	参	加	し	た	。						

2．纵写
纵写与横写的写法基本相同，有一些细微差异。

1）拗音、促音、长音

せ	っ	て	ぃ	会	議	を	は	じ	め	た	い	と	思	い	ま	す	。
会	議	中	で	し	ゃ	べ	る	の	を	ご	遠	慮	く	だ	さ	い	。
メ	ー	ル	を	い	た	だ	き	ま	し	た	。

2）数字的写法

二	〇	〇	八	年	十	月	一	日
午	前	八	時	三	十	分

二、标点符号及其用法

主要标点符号的用法。

1．单引号

单引号表示行文中的直接引用部分。用来表示谈话内容或表示引用原句等。

例：自民、公明両党は23日未明、税財政改革の道筋を示す「中期プログラム」の政府原案について、消費税率引き上げを含む税制抜本改革について「2011年度より実施できるよう必要な法制上の措置をあらかじめ講じる」と時期を明記することで合意した。

2．双引号

引号里面还需要用引号时，外面一层用单引号，里面一层用双引号。

例1：「『以心伝心』というのがとても大事です」と先生は言いました。

例2：「『すぐれて抜け出ている者は、とかく恨まれる』という意味を表すには、『出る杭は打たれる』という慣用句を使う」と先生が教えてくれました。

在引用书籍或文章名时，应使用双引号。

例3：渡辺淳一の『失楽園』は、中国の読者に非常に愛読されています。

3．圆括号

表明行文中注释性的内容。

例：今週の金曜日（19日）に、会議が開催される予定です。

4．句号

句号表示句尾的停顿。竖写、横写都可以使用。

例：今日は火曜日です。

5．逗号

逗号分两种不同的写法，横写时"、"，竖写时"，"。逗号表示句子内部的一般性停顿。

例：長官在任中、最後の外遊になる見通しだという。

6．间隔号

间隔号主要用于名词并列、年月日时刻、省略词、外来语等之间。

例1：質検総局は各地の出入境検験検疫機構に対し、関連輸出企業による輸出製品の生産・加工・輸出業務がしっかりと行われているかどうか、監督・指導を行うよう要求した。

例2：私は東京大学情報学環・学際情報学府で修士課程をやっております。

7．尖括号

表示说话的人物等

例：＜麻生首相＞3年後消費増税「理解を」…太田代表にお願い

8．波浪连接线

表示范围、区间和期间。

例：旧システムでは、各自治体からのデータが全国12か所の貯金事務センターに集中し、支給までに31〜14日かかるとしている。

 练习题

纠正下列句子中误用的标点或符号。

1．のび太の『甘え』や『依存』は、寅さんのこの『気まま』にとても近い。土居氏はこうもいっている。甘えの心理は「人間存在につきものの分離の事実を否定し、分離の痛みを止揚することである」＜「『甘え』の構造」＞。

2．今回の入学試験は、北京大学、外国語学院によって主催されます。

第二章　书面语与口语

一、书面语中的敬简体

　　日常使用的语言可分为口语与书面语，口语作为即时交流的语言形式，表达方式灵活丰富，而书面语则利用文字形式来记录、传递信息，因此，语言表现形式要求严格，但所记录的信息稳定，长久保留。日语中口语与书面语区别较大，日语书面语通常分为反映口语表现的书面语与文章体书面语。文章体书面语（论文、报告书等）句尾不使用口语体中常用的敬体"～です、～ます"等，而使用简体。在书面语中，敬简体的使用依情形而定。

　　以下为一般常用的书面语形式。

词类	肯定（现在）	否定（现在）	肯定（过去）	否定（过去）
名词	学生である	学生ではない	学生であった	学生ではなかった
	学生だ		学生だった	
イ形容词	美しい	美しくない	美しかった	美しくなかった
ナ形容词	きれいである	きれいではない	きれいであった	きれいではなかった
	きれいだ		きれいだった	
动词	行う	行わない	行った	行わなかった

二、书面语中须避免使用口语词汇

　　日语中文章体书面语所用词汇与日常口语中使用的词汇有所不同，写作时须避免使用口语化的词汇。

不使用	可以使用
すごく難しい問題だ	かなり・非常に（大変）難しい問題だ
たぶん（ひょっとすると）明日は雨だ	恐らく（～の可能性がある）明日は雨だ
ちょっと違いがある	少し（多少・若干・やや）違いがある

やっぱり同じである	やはり（予想した通り・予想通り）同じである
たくさんの（いっぱいの）例がある	多くの（いずれ）の場合でも同じ結果となる
どっちの場合でも同じ結果となる	どちら（いずれにせよ）大差ない
どっちにしても（どっちみち）大差ない	いずれにしても（いずれにせよ）大差ない
こんな（こんなふうな）例は珍しくない	このような（そのような・あのような・どのような）例は珍しくない
ヨーロッパ　なんかでは	ヨーロッパ　などでは
AとかBとかがある	AやBなどがある
政治みたいに大きな問題	政治のように（の如き・などの）大きな問題
～である。でも～	～である。しかし（しかしながら・だが）
結果が得られなかったけど	結果が得られなかったが（けれども）
あと次のような問題もある	なお（但し・付け加えると・更に）次のような問題もある。
～である。だから（それで）～と言える	～である。故に（それゆえ・従って）～と言える

三、文章体书面语中不使用口语中的缩略形式

口语中形成的各种语音缩略形式，不能作为书面语使用。
先生じゃなかった。（×）
先生ではなかった。（○）
作文を書かなきゃならない。（×）
作文を書かなければならない。（○）

四、书面语中不使用终助词

日语口语中常用的表现各种语气的终助词，一般不能作为书面语使用。

不使用	可以使用
彼の意見は影響力があるって言っている	彼の意見は影響力があると言っている（言われている）
こちらのほうが一般的だよね	こちらのほうが一般的である（なのである）
暑くなったなあと思う	暑くなったと思う
～ですか・～ますか	～（の）だろうか・～（の）か
～ね・よ・わ・さ・ねえ	

五、书面语中避免使用拟声词、拟态词

口语中常用的拟声、拟态词，大多数不作为书面语使用。

不使用	可以使用
どんどん変わっていく	急速に・急激に（非常に・次第に・徐々に）変わっていく
ぺらぺら話している	流暢に（よどみなく・滑らかに）話している
ごちゃごちゃになっている	混乱（混雑・煩雑）している（なっている）
びくびく（ひやひや）している	恐れて（不安になって・気がかり・恐怖して）いる
ワーワー騒いでいる	大声で騒いでいる

第三章　介绍文（一）

一、自我介绍文的特点及写作要求：

介绍文作为说明文中的一种，一般分为自我介绍文和一般性介绍文两类。自我介绍文是人们需要向初次认识的人介绍自己的基本情况而写的文章，所以，一般来讲，要求写得简明扼要，个性鲜明，且要求字迹工整、清晰。

写作要求

(1) 清楚地介绍自己的姓名、所属、职业、出生年月日及毕业学校等信息。
(2) 介绍经历、性格、家庭情况、爱好及特长等个人信息，要突出自己的鲜明个性。
(3) 内容详略依情况而定，以简明、给人留下鲜明印象为宜。

例文1

> 私は中国から来た王華です。今は神奈川県にある寮に住んでいます。外国人は私一人です。ですから、初めのころは、言葉や食事のことなどでとても苦労しました。
> でも、今はもうすっかり寮の生活にも慣れて、皆と仲良くしています。私の趣味は写真をとることです。知らない町をのんびりと歩きながら写真をとるのが大好きです。私は好奇心が強く、いろいろなことを体験してみたいと思っています。それで、以前から興味のあった日本へ来たのです。
> 今熱中していることは茶道です。次は、生け花をやってみたいと思っています。日本へ来る前は、貿易会社に勤めていました。日本語の勉強が終わって帰国したら、日本で学んだことを仕事に生かしたいと思っています。

这篇简短的自我介绍文介绍了一名中国留学生王华的基本信息、其在日本的生活体验及本人的爱好、工作等情况。内容简明扼要，在介绍自己的爱好之处突出了个人的鲜明特点，给人印象深刻。

例文2

　　スペインから来たエンリケです。4年前に日本に来たのですが、今は赤坂にあるホテルで受付として働いています。

　　もともとはスペインにある会社で働いていたのですが、日本支社に転勤することになって日本に来ました。日本に来たからには本格的に日本語を勉強しようと思って、仕事をしながら日本語学校に通っていたのです。仕事の契約が過ぎた後も、もう少し勉強を続けたかったので日本に残ることにしました。

　　今の仕事は、パーティーで友達に今のホテルのマネージャーを紹介してもらったのがきっかけでした。それで、ホテルに履歴書を送ったら採用していただいて、本当にラッキーでした。

　　ホテルの仕事は、お客様の注文に何でもお答えしなくてはならず、いろんなことをしっていなくてはいけないので、最初は慣れなくて大変でした。それに、休みが不規則で、残業も多く、仕事と勉強を両立させるのがとても難しかったです。最近はやっと仕事にも慣れ、勉強も計画通りに進んでおり、楽しくやっています。

　　ホテルの仕事は、日本語だけではなく、英語やスペイン語も使うことができ、またいろいろな国の人と出会えるので、とてもやりがいを感じています。それから、お客様がお帰りになる時、「ありがとう」といってくださることがあるのですが、その時この仕事をしていてよかったとつくづく思います。

以上也是一位旅日外籍人士的自我介绍，该文主要以自己的工作内容为主，并将工作中遇到的困难和感受到的乐趣相结合来介绍了自己的基本情况，使文章清新明快，充满人情味。

二、常用句型和词汇：

1. 常用句型：

（1）～こと/ところ/もの/の

这些是介绍个人性格，爱好，时常用的句型。

① 私の長所はいつも明るいことだと思います。
② 私にはのんびりしたところがあると思います。
③ 私の嫌いな物は納豆と蛇です。

（2）～こと/のが＜好き/得意/苦手＞です

这些是介绍个人特长与喜好的句型

① 私は冷蔵庫の中に残っている材料で料理を作ることが得意です。

②　私は日本のアニメを見るのが好きです。
③　私は人の前で話すのが苦手です。

(3) ～のは～からです/～から、～

这两个句型是表原因的，主观色彩很强。
①　私は日本へ来たのは、日本文学に興味を持っているからです。
②　近所に住んでいた日本人がとてもいい人だったから、私は日本が好きになったのです。

2. 常用词汇：

年齢	職業	国籍	生年月日	家族	仕事	趣味	興味	夢	大学	修士	博士
性格	希望	長所	短所	積極的	消極的	楽観的	悲観的	活発	無口	自慢
まじめ	のんき	おとなしい	やさしい	明るい	はっきり	しっかり	のんびり
慣れる	さびしがりや	気短	陽気	生まれつき	得意	苦手	進学	就職

练习题

使用本课所学的词语和句型写一篇400字的自我介绍文。

第四章　介绍文（二）

一、一般性介绍文的特点及写作要求

一般性介绍文是介绍人，事，物，地方等的文章，此类文章旨在开拓人们的视野，增长见闻，以满足各方面的需求。

写作要求

（1）　这一类多为历史地理书中的内容、普及性读物及知识介绍型的小品文。
（2）　要求抓住所介绍的人、物、事、地方的特征和基本信息。
（3）　文字要求简明易懂。

例文1

北京大学の紹介

　　北京大学は中国の首都北京の西郊に位置し、中国の最重点大学の首位に置かれている総合大学です。1898年12月に中国最初の総合性大学として開学したのです。その当時の学生はわずか、百人足らずであったそうです。名前も「京師大学堂」でした。1820年、辛亥革命が勃発し、清王朝は孫文が率いる国民党政権に倒され、新国家が誕生しました。この時、大学堂も北京大学と改められました。北京大学は、愛国主義運動が最も激烈に花開いたところでもあり、有名な五・四運動や学生運動を起こし全国に影響を及ぼしました。それと同時に共産党の北方支部も北京大学内に設立されるなど思想面でも、先進的な役割を果たしてきたのです。1946年に北京に戻り北京大学に回復しました。1949年、中華人民共和国が成立すると、国立大学の首位に置かれ、国家の管理のもと人材の養成を行ってきました。北京大学は中国の近・現代史に大きな影響を残してきた大学なのです。
　　北京大学が、現在の場所に移転したのは、1950年代のことでした。北京大学は8の学院と23の学部、52の研究所、63の研究センター、2つの国家級の研究センター、11

の国家重点実験室を擁しています。修士課程は148コース、博士課程は101コースと全国で首位となっています。

　　北京大学の学内には清朝時代の遺物があちこちに残り、また自然も豊かで学習環境は中国屈指のものと評価は高いです。図書館（新館が完成）には蔵書が五百万余冊に及び、館内ビデオブース、コンピュータが配置され、インターネットも可能となっています。北京大学内には書店、美容院、郵便局、銀行、病院、商店、レストランなどが多数で生活面では不自由がほとんどありません。

　　这段文章从北京大学的地理位置、历史、学科设置、校园景色及校内设施等方面介绍了北京大学的基本状况。内容既包含了介绍大学应涉及的主要信息，同时也突出了北京大学特色。文字也很简洁易懂。

例文2

日本の国土—山と川

　　日本はアジア大陸の東にある島国である。北海道、本州、四国、九州の四つの島と、四千ほどの小さな島がある。このような島の全体は日本列島と呼ばれている。この日本列島は、北東から南西にかけて弓のような形にならんでいる。北の端から南の端までの長さはだいたい三千キロぐらいある。

　　地図を見ればわかるように、日本は山地が多い。ほとんど火山活動でできたものである。海岸のそばまで山地が続いている所が多く、あまり大きな平野はない。人が生活できるような平野の部分は、全体の三割程度であり、そこに大部分の人が集まって生活している。

　　本州の中央には高い山が並んでいる。二千メートル以上の山も多い。ここから流れている川は短く、流れも急である。例えば、日本で一番長い信濃川でも三百七十キロ程度である。世界一長いアフリカのナイル川と比べると、十八分の一しかない。

　　百年ほど前に来日したオランダの技術者は、初めて日本の川を見た時、驚いて「これは川ではない。滝だ」と言ったそうである。この人は、流れの遅い大陸の川を見慣れていたので、日本の川がちょうど滝のように見えたのだろう。

　　日本は急流の川が多いので、大雨が降れば、すぐあふれてしまう。それに、交通にもあまり利用できない。しかし、日本人は、このような急流の川の特徴を生かすように努力してきた。川の水を低い土地に引いて農業に使ったり、ダムを作って水力発電に利用したりしてきた。昔から日本人はこのような自然の条件の中で工夫して生活してきたのである。

　　这篇文章从日本列岛的构成到具体的山地、河流，介绍了日本的基本地理情况。文中大量引用具体数据，运用比较、举例等手法来说明了日本山川的独有特色。

例文3

受 容

　「受容理論」は、西ドイツのコンスタンツ大学におけるハンス・ロベルト・ヤウス（1921－）やヴォルフガング・イーザー（1926－）他の文芸批評家・研究者たちが行った研究に関連するものである（Holub 1984）。この研究に与えられたドイツ語「Rezeptionaesthetik（受容美学）」は、それが美学的な価値と経験に関心を払っていることを示しており、それが強調されることで、英米における広範な「読者の応答理論」運動と区別される。

　この理論に関連して主要な概念が二つある。一つはヤウスによって定式化されたもので、作品の製作と読みにおいて著者や読者に影響を与える、いわゆる「期待の地平」に関する理論である。この理論が描くのは、様式や伝統、ジャンル、あるいは文学的イディオムといった慣習だ。ある作品はこうした慣習にしたがって書かれており、また読者は、読みの経験からそれらの特徴を内面化し、それを新しい作品へと持ち込む。このような慣習と期待との相互作用のシステムは一つのパラダイムを構成する。

　中略

　二つ目の重要な概念は、イーザーが導入した「内包された読者」というものである。これは歴史化もしくは状況下された立場というよりはむしろ一般化された立場として理解されている。イーザーは読書という「行為」を記述することに関心を持つ。彼はこの行為を、最初の読みでもその後の読みでも、読者が作品に一貫性を持たせるために「隙間」を綴じ、「空白」を埋めながらテクストを横断するプロセスだと見なしている。

　後略

　（『文化理論用語集』ピーター・ブルッカー著　有元健・本橋哲也訳　新躍社 p112より）

上文是一段介绍一个专有名词的文章。从两位学者的理论入手，从两个角度向读者介绍了该名词的理论起源和后期扩展。

 练习题

1．请模仿例文1写一篇介绍自己学校的短文。

2．请写一篇介绍中国万里长城的说明文。

第五章　说明文（一）

一、说明文的基本特点及写作要求：

说明文是向人们介绍和说明事物状态、性质、特点、功用等的文体。说明文以说明为目的，介绍知识为主要内容。通过揭示概念、方法、途径等来说明事物特征、本质及其功用。说明文实用性很强，日语中说明文通常包括广告、说明书、提要、提示、规则、章程、解说词、科学小品等。

写作要求

（1）说明要有顺序，这是使说明内容条理化的必要条件。常见的说明顺序有：时间顺序、空间顺序、逻辑顺序。

（2）说明文的语言准确性是先决条件。表示时间、空间、数量、范围、程度、特征、性质、程序等词汇，都要求准确无误。

（3）说明方法有很多种，常见的说明方法有下定义、作诠释、作比较、打比方、分类别、举例子、列数字、列图表等。

（4）说明文中多以叙述和解释来展开内容，要注意句子间的相互联系和指示词，接续词等在文章中的作用和意思。

（5）说明文的内容多为客观说明，要避开主观上的主张、意见、见解等。

说明文根据说明对象的不同，其要求也有所不同。对事物说明时涉及种类、形状、性质、特质、机能、历史、价值、用途等方面；对事件进行说明时要注意回答5wh的问题，即时间（when）、地点（where）、人物（who）、发生的事件（what）、原因（why）和过程（how）。

例文1

りんご

　りんごは、寒い地方で作られる。青森県と長野県が、その産地として、特に有名である。

　りんごの花は五月に咲く。そして、小さい実がたくさんなる。一本の木に、あまり多くの実がなると、大きい実ができない。だから、丈夫そうな実だけを残して、外の実はとってしまう。

　害虫がつくのを防ぐために、袋をかぶせたり農薬をかけたり、色色と世話をして育てる。

　りんごにはいろいろな種類がある。形の大きい物もあるし、小さい物もある。色の赤いのもあるし、黄色いのもある。また、夏ごろから食べられる物や、秋の終わりでなければ、食べられないものもある。

　寒い地方でとれたりんごは、箱に詰められ、貨物列車やトラックに積まれて、外の地方へ運ばれる。そして、町の果物屋や八百屋の店先に並べられるのである。

在这篇文章中，第一段介绍了苹果的产地，第二、第三段介绍了苹果树的开花、结果情况及预防害虫的方法。接下来采用三个并列的对比句（…あるし、…もある）说明了苹果的种类。最后对苹果向外地的运输和销售的情形也作了说明。成文结构符合说明事物的逻辑顺序，内容也客观说明了苹果在日本的栽培、种类、运输及销售情况。

例文2

＜阪神．淡路大震災＞

発生日時：1995年1月17日　　　　震源地：日本、淡路島
マグニチュード：M7.2　　　　　　死者：6,433人
重傷者：43,792人　　　　　　　　全半壊建物：274,181戸
現地からの報告：

　最近都市で起きた、有名な地震だ。この地域には一人暮らしの高齢者が多く、この地震の犠牲者の過半数は60歳以上の高齢者だった。日本では、地震の時はまず火を消し、机の下に隠れるように指導している。しかし、この地震は自分の意志で行動できないくらい大きな揺れだったから、お年寄りをはじめ、多くの人が避難できなかった。家具の転倒や落下物から身を守るために、家具などを固定しておく必要がある。また、どこの市町村でも避難所が指定してあるが、阪神．淡路大震災で応急の避難所になった学校などに入ることができたのは、被災者の12%だけだった。

这是一篇关于阪神・淡路大地震的简要说明。文中对该地震发生的时间、地点、受灾人数等具体的数据及灾后的避难情况都进行了清晰的说明。

例文3

＜県民所得＞平均305万９千円　東京－沖縄格差249万円

　　内閣府が19日発表した07年度の県民経済計算によると、都道府県民１人当たりの所得額（県民所得）の全国平均は305万9000円（前年度比0.7％増）と、４年連続で増加した。平均からのばらつき具合を示す「変動係数」は、６年ぶりに下落したものの依然として高水準が続いており、都道府県ごとの所得格差は大きい。１位の東京都と最下位の沖縄県の所得格差は249万1000円だった。

　　１人当たり県民所得は、都道府県別の雇用者報酬、財産所得、企業所得の合計額を人口で割った額。29府県で前年度を上回った。

　　自動車、電機、一般機械などの輸出産業を多く抱える地域で所得が増えた一方、公共事業への依存度が高い地方のマイナスが目立った。最も上昇率が大きかった佐賀県（前年度比5.0％増）はシリコンウエハーなどの電気機械、化学などが好調だった。逆に減少率が最も大きかった北海道（3.4％減）は、建設業や卸・小売業の減少が響いた。

这一是有关日本各个都道府县居民人均收入调查结果的说明，文中说明了人均收入的计算方法，并将人均收入最高的东京都与最低的冲绳县作比较，突出了重点。

例文4

空海の生涯

　　空海（七七四～八三五）伝の基礎資料は、『続日本後記』承和二年三月二十一日の死去に伴う略伝、及び『三教指帰』序を筆頭とする自著作に散見する自伝的記事である。

　　中略

　　以降三十一歳の入唐に至るまでの十数年間は、彼が自己の資質と針路の発見に苦しんだ——この間に彼は大学を辞め、経学から仏教に転向し、得度出家して渡唐を決意した——最も興味ある時期であるが、動静の詳細を語る資料を欠いている。

　　中略

　　弘仁十一（八二〇）年内供奉十禅師に任ぜられ、この頃より威力ある宗教家として、さらには平安初頭文化全般の指導的知識人としての活動が認められる。

　　後略

　　　　　　　　　　　　　　　『日本思想史入門』相良　亨編　ぺりかん社　p51より

这一篇用简洁的语言概括介绍了空海大师的生平，是一篇介绍人物的说明文。

二、说明文常用句型：

(1) ～のだ

这是日语中表示说明句时最常用的句型，接在动词句，形容词句，名词句的句尾表示说明的语气。文章中经常使用"つまり～のだ""すなわち～のだ"的形式。例如：

① それぞれの国の国王は、国の周りに高い城壁を作って、外敵を防いだのです。
② このテレビの技術革新は、先にも触れたように、放映権をめぐって、一層オリンピックの巨大化、商業化に拍車をかけ、今日に至ったのである。。
③ 北へ行けば行くほど花の咲く時期が遅くなるのである。

(2) ～ということだ

这个句型多用于情况说明，与文章中前面句子中经常出现"～のは"、"～ということは""～というのは"等形式表达的意思基本相同。也相当于在句首使用"というのも"句尾采用"～からだ""～のだ"的形式。

① ゼミというのは、自分の興味のあるテーマに絞って勉強するために設けられている時間のことである。
② 時給800円ということは、月曜から金曜まで毎日八時間働いても13万円にもならないということだ。
③ 家を買うならローンを組んでも早めに買ったほうがいい。というのも、ここ数年は地価の高騰が続くと見られているからだ。

(3) ～わけだ

这个句型接在用言连体形后，用于句尾时表示由事物的发展趋势，推断出与之相应的结果。「～わけだ」句中侧重按照公认的原则导致的结论，句中的从句常以因果关系形式出现。

① 家が雪でできているから、火をどんどん燃やすというわけには行かないが、わずかな火でも、または体温だけでも、熱が外へ逃げなければ、そのうちに、部屋の中が暖まるというわけである。
② 体重を測ったら52キロになっていた。先週は49キロだったから、一週間で3キロも太ってしまったわけだ。
③ 彼女はフランスの有名なレストランで5年間料理の修行をしたそうだ。つまり、プロの料理人であるわけだ。

(4) ～からだ/～ためだ

这两个句型用于表示因果关系的说明句，文章中经常采用"～のは～からだ"、"なぜなら/なぜかというと/なぜかといえば～からだ""～のは～ためだ"等句式。

① まずイタリアへ行ったのは、ギリシャ、ローマ、ルネッサンスの文化を理解したかったからである。

> ② 殿下のご結婚相手はまだ発表するわけには行かない。なぜならば、正式な会議で決まっていないからだ。
> ③ 近頃の女性が年を取ると、高血圧になったり、神経痛、リューマチ、関節炎などの疾患が多くなっているのは、どうも開放的な服装のためではなかろうかと思われてなりません。

练习题

1．请以樱花为题，写一篇500字左右的说明文。

2．请参照例文2，用下列提供的信息，写一篇事件说明文。

　　2003年2月24日在中国西北部新疆发生了震级为6.8级的地震，死亡人数还在调查中（目前已有266人），受重伤的人数仍在调查中（目前已有750人），被毁建筑物的数量仍在调查中（目前已有50000户）。此次地震是建国以来继唐山大地震后的大规模地震。某些学校也被毁，学生们的安全很让人担心。受灾地气候寒冷，有必要向灾民提供防寒用品。供水设施也遭到破坏，需要向当地提供饮用水。

第六章　说明文（二）

一、使用、制作类说明文的基本特点及写作要求

使用、制作方法类说明文主要分为使用某物类说明文和某一制作方法类说明文。使用说明类文章的目的在于让读者遵循其说明去正确使用。这一类通常包括操作方法、驾驶方法、使用方法、食用方法，组装方法等的说明文和利用某些材料制作某一产品的制作方法类说明文。日语中这一类说明文的写作要求较严格，使用极为广泛。

写作要求

（1）使用类说明文写作，通常包括：
　　① 器具、工具、材料等
　　② 场所
　　③ 工具、器具等的使用方法
　　④ 使用顺序
　　⑤ 注意事项
（2）制作类说明文写作，通常包括：
　　① 制作的原材料
　　② 制作计划表
　　③ 制作所用的工具等
　　④ 制作的场所
　　⑤ 制作的顺序
　　⑥ 成品的形状

例文 1

家庭用降圧トランス　取扱説明書

家庭用降圧トランスについて

各部の名前と使い方
安全装置について（以上略）
ご使用上の注意
① 使用される電気器具のスイッチを必ず「off」にして電源プラグを本機の出力コンセントに差し込んでください。
② 使用される電気器具は、本機の定格容量（VA）を超えない範囲のものをご使用ください。
  *使用される電気器具の消費電力（W）の合計が、本機の定格容量（VA）の約90％程度以下を目安にして、余裕のある使い方をしてください。
③ 出力表示の値（AC100V）は、定格入力電圧の時の出力電圧です。
  *出力電圧は、入力電圧によって変動します。
④ ……
ご使用方法：
① 電源プラグをコンセントに差し込みます。
  *電源プラグが合わない場合はコンセントに合った変換プラグを用意ください。
② お使いになる電気器具のスイッチを必ず「off」にして電源プラグを本機の出力コンセントに差し込んでください。
③ お使いになる電気器具のスイッチを入れます。
  必ずお守りいただきたいこと（略）　　仕様（略）
  　　　　　　　　　　　　　　　　　三洋電機貿易株式会社

此文是说明某种做法类文章，是一篇标准的日文家用电器的说明书，具备了说明书的基本格式和所应包括的内容。内容详尽，表述清晰，可以使读者对其使用方法一目了然。

例文2

白魚の塩焼き

春を告げる魚、白魚を細い竹串にさして、オーブンで焼きます。

● 材料（5人分）

白魚 ——————50尾

青海苔——————適量

塩、竹串、アルミオイル

● 作り方
① 白魚は濃いめの塩水に30分くらいつけて、5尾ずつ、目の下のところに細い竹串をさす。
② 鉄板にアルミホイルを敷き、①の白魚を並べ、オーブンの中火で7～8分焼く。
③ 冷たらアルミホイルから白魚をくずさないようにとりはがし、真ん中に青海苔をかける。

此文为说明制作方法类文章。说明了加盐烤银鱼的方法，文中从所用材料、工具及具体的烹饪方法都进行了详尽的说明。

二、使用、制作类说明文常用句型：

> 1．**动词的"ル"形/"～テ"形**
>   日语文章中经常用动词的"ル"形/"～テ"形来表示动作发生的顺序和进行的步骤。
>   ① 電子辞書に単3乾電池を2本入れて、「電源」キーを押してください。
>   ② 顔を洗って、歯を磨いて、髭をそります。
> 2．**＜動＞前に/＜動＞たあとで＜動＞句型**
>   这个句型也是强调两个动作进行前后步骤的常用句型。
>   ① 器に盛る前に、ところてんのように細切りする。
>   ② 茄子を一口大の乱切りにしたあとで、170℃に熱した揚げ油に入れます。

练习题

1．请结合自己学校的情况，写一篇"食堂的利用方法"的说明文。

2．请用日文介绍一种你喜欢的中国菜的做法。

第七章　日常信函

　　信函是把某一信息或心情传达给对方的较简短而实用的文章形式。因此内容应简洁，准确，充满诚意，合乎礼节。不论关系亲疏，一般最好都要选用「です」「ます」体。日本人习惯于收到信后立即回复，因此，收到信函后，回复信函应该做到及时，不误时机。

　　日语书信有一些基本格式和用语上的特定要求，下面列表介绍日语书信的格式及相关要求。

一、日常信函的格式

正文		开头语	第一行顶格写
			常用词语有「拝啓」、「拝呈」、「啓上」等
			省略前文中一部分或全部时可使用「前略」、「冠省」等
			再次去信时使用「再呈」、「再啓」、「追啓」
			女性一般使用「一筆申し上げます」、「謹んで申し上げます」
			注意事项：并非所有书信都需要开头语，亲密朋友间可以用日常称呼来写。如：「お兄さん」、「田中さん」等
	前文	季节寒暄语	开头语后空一格写
			「～の候」「～のみぎり」
		向对方问安的寒暄语	向对方及家属问安
		报告近况的寒暄语	报告自己的近况
		致谢词语	对平时受到的照顾或别人的赠礼表示感谢
		致歉词语	对疏于问候表示歉意
	主文	书写格式	另起一行空一格写
		连接词语	「さて」「ところで」「つきまして」「早速ながら」等
		内容	叙述事情、书信的目的
	末文	结束寒暄语	另起一行空一格写
			为字迹潦草、文章拙劣致歉
		告别或传话寒暄语	请对方代为向特定的人问好
			注意事项：对对方特定的人的称呼
	结尾语		末文最后一行下面，距每行最后一个字空一格
			「敬具」、「敬白」、「謹言」
			「草々」（省去前文中一部分或全部寒暄语时使用）

尾	日期	正文后另起一行，低于正文2或3个字写，可以用稍小于正文的字写
	署名	日期后面一行，名字最后一个字下面空一字
		注意事项：原则上由本人亲笔签署，发信人托别人代笔时可在发信人姓名旁边协商大别人的姓名，下面再用小字写「内」「代理」「代筆」
附	收信人姓名、地址、附敬称	发信人姓名的下一行，文字可以写得比发信人姓名稍大一些，字与字之间稍留间隔
		敬称写在收信人姓名后面，用同样大小字体来写。常用「様」、写给老师时常用「先生」
附言	再启、又及或附记等	在全文后面空一、二行写
		「追伸」「二伸」「追って」

例文1

拝啓
日増しに春めいてまいりました。皆様ますますご健勝の御事と拝察いたします。お陰様で私どもも無事過ごしておりますので、他事ながらご安心ください。日ごろ一方ならぬお世話をいただきながら、ついついごぶさたを重ね、まことに申し訳なく存じております。
つきましては、このたび……（叙述事情）
まずはとりあえず書面にてご挨拶申し上げました。末筆ながらご一統様によろしくお伝えくださいますよう。

　　　　　　　　　　　　　　　　敬具
　　三月五日
　　　　　　　　　　　　　　伊藤太郎
　田中千代様

追伸　なお、別便にて……（追加記事）

以上例文中，信首写有开头语「拝啓」，随后出现了季节寒暄语「日増しに春めいてまいりました」。后面依次是向对方问安的寒暄语「皆様ますますご健勝の御事と拝察いたします。」报告自己近况「お陰様で私どもも無事すごしておりますので、他事ながら御安心ください。」向对方表示感谢的话语「日ごろ一方ならぬお世話をいただきながら」。对疏于问候表示歉意的语句「ついついごぶさたを重ね、まことに申し訳なく存じております。」

在连接词「つきまして」之后是正文的事情叙述，在此省略。叙述正文后写上「末筆ながらご一統様によろしくお伝えくださいますよう。」向对方问好。结尾语有「敬具」，收信人的名字后使用敬称「様」，末文追加的事情以「追伸」开头。

例文2

> 拝啓
> 　初秋の風が快く感じられてまいりまあした。
> 　ご無沙汰しておりますが、先生にはお元気でいらっしゃることと存じます。
> 　実は先生にご相談に乗っていただきたいことがあって、この手紙を書くことにしました。
> 　私は大学を卒業したら、日本へ行って日本語の勉強を続けたいと考えています。将来、日本語の先生になりたいと思っていますが、そのために、日本語の文法や表現方法について、もっと深く研究しようと考えています。私が日本へ行くことについて、先生はどうお考えになりますか。賛成していただけるでしょうか。また賛成していただける場合、日本語の研究のためにはどこの大学がいいでしょうか。こちらでは情報が少ないので、先生に教えていただければ大変ありがたいです。
> 　それでは、面倒なお願いですが、どうかよろしくお願いいたします。また、お便りいたします。ご家族の方によろしくお伝えください。
> 　先生のご健康をお祈りしております。
> 　　　　　　　　　　　　　　　　　　　　　　　　　　　　　　　敬具
> 　2007年1月15日
> 　　　　　　　　　　　　　　　　　　　　　　　　　　　　　　　王暁明

　以上这篇例文是学生写给日本老师的信，文章使用了敬语，如「先生にはお元気でいらっしゃることと存じます」、「先生はどうお考えになりますか」、「先生に教えていただければ大変ありがたいです」等。所以，在写信时，除了注意格式问题之外，还要注意敬语的使用。

例文3

> 拝啓
> 　早星の候、皆様ますますご健勝のこととお喜び申し上げます。
> 　さてこの度は、まことに結構なお品を恵贈いただきまして、ありがとうございました。日ごろよりお心にかけていただき、大変恐縮しております。　皆様にはお元気にお暮らしの由、心からお喜び申し上げます。
> 　私どもも、おかげさまにて一同健康に過ごしております。
> 　暑さもいよいよ厳しくなる折、一層ご自愛くださいますようお祈り申し上げます。
> 　　　　　　　　　　　　　　　　　　　　　　　　　　　　　　　敬具

　这是一篇感谢对方给自己寄赠的礼品的信件。

例文4

拝啓

　年の瀬も押し迫り、何かとご多用のことと存じ上げます。佐藤様には、今年1年間、大変お世話になりました。

　お陰様で、家族一同心安らかに年の瀬を迎えることが出来ました。心より御礼申し上げます。

　本日、グリーンデパートよりコーヒーの詰め合わせを年末のご挨拶のしるしにお送りいたしました。

　ご笑納いただければ幸いでございます。

　どうぞ皆様おそろいで、良いお年をお迎えくださいますようお祈り申し上げます。

敬具

这是一篇年末的问候信。从信中可以看出寄信人同时附赠了新年礼物，来表达对收信人一年以来的关照。这是在日本极常见的问候信之一。

二、常用语句

1. 季节寒暄语

1月【睦月】

- 初春、厳冬、大寒、酷寒、極寒、降雪の候、寒風の候
- 謹賀新年（新年快乐）
- 一面の銀世界（银装素裹）
- 冬来たりなば春遠からじ（冬天到来，春天也不远了。）

2月【如月】

- 立春、節分、春寒、寒明け、晩冬、余寒、残寒
- 冬の名残りがなかなか去らず（冬季的严寒尚未消散）
- いくらか寒さもゆるみ（寒气渐缓）
- 梅のつぼみもそろそろ膨らみ、何となく春めいて（梅花含苞待放，不知不觉春天快到了）

3月【弥生】

- 浅春、春分、早春、春色、春暖、麗日、軽暖の候、早春の候
- 春寒しだいに緩み（春寒渐缓）
- 日増しに暖かさを増し（天气日渐变暖）
- 木々の緑日ごとに色めく季節（到了树发芽的时节）

4月【卯月】
- 春暖、陽春、春日、春和、春粧、仲春、春陽、温暖、桜花
- 春陽麗和の好季節（春光明媚的好时节）
- 春たけなわ（春色已浓）
- 葉桜の季節となり（到了樱花凋谢，长出枝桠的季节）

5月【皐月】
- 晩春、惜春、暮春、新緑、若葉、立夏
- 風薫る五月の空に鯉のぼりが（五月的微风中飘着鲤鱼旗）
- 新茶の香り（飘逸着新茶的清香）
- 初夏の風もさわやかな頃となり（初夏吹着清爽的风）

6月【水無月】
- 青葉、深緑、初夏、夏秋、向暑、麦秋、入梅、梅雨
- うっとうしい梅雨の季節（到了阴雨绵绵的梅雨季节）
- 長かった梅雨もようやくあがり（漫长的梅雨季节即将过去）
- 空には白い雲が浮かび（天空飘浮着白云）

7月【文月】
- 盛夏、真夏、向暑、猛暑、酷暑、炎暑、大暑、盛夏の候
- 爽快な夏（爽朗的夏季）
- まぶしいほどの夏（明媚耀眼的夏季）
- 近年にない暑さが続き（近年来少有的酷暑）

8月【葉月】
- 残暑、晩夏、初秋、新涼、立秋、秋暑、残炎、残暑の候
- 立秋とは名ばかりの暑さ続き（虽已立秋，但酷暑仍在持续）
- 夜空に秋の気配を感じるころ（夜空中已经能感受到秋天的气息）
- 虫の声に秋も近づいた事を感じる昨今（虫鸣声中秋天的临近仿佛昨日）

9月【長月】
- 新秋、初秋、秋涼、爽秋、秋色、清涼、涼風、野分、秋分
- 秋の気配が次第に濃くなった（秋天的气息渐浓）
- 朝夕はめっきり涼しく（早晚天气骤然变凉）
- スポーツの秋を迎え（迎来了秋天这一运动季节）

10月【神無月】
- 錦秋、秋涼、爽秋、仲秋、中秋、秋冷、菊花、紅葉
- 天高く馬肥ゆるの候（秋高气爽）
- 実りの秋となり（收获的季节）

- ○　夜長の頃となり（夜晚变长）

11月【霜月】
- ○　晩秋の候、季秋、深秋、暮秋、落葉、季秋、立冬
- ○　冷気日ごとに加わり（寒气渐浓）
- ○　鮮やかな紅葉の候となり（红叶的季节）
- ○　秋も一段と深まり（秋色加深）

12月【師走】
- ○　寒冷、師走、歳末、歳晩、初冬の候
- ○　あわただしい師走となり（繁忙的十二月）
- ○　めっきり寒くなり（天气急剧变冷）
- ○　寒さもひとしお身にしみるころ（天气变冷，寒气刺骨）

2. 向对方问安寒暄语

- ○　皆様お変わりなくお過ごしでございますか
  （大家一切平安吗？）
- ○　ご一統様にはお変わりもなく
  （祝大家一切都好。）
- ○　いよいよ御健勝にわたらせられ
  （祝您贵体愈益健康。）
- ○　皆様お障りもなくいらせられ
  （祝大家一切平安。）
- ○　御機嫌よろしく
  （祝您心情愉快。）
- ○　御壮健で何よりです
  （您一向很硬朗，这比什么都强。）

3. 报告近况的寒暄语

- ○　つぎに私共ではお陰様で皆々達者で過しておりますゆえ
  （托您的福，我们都很健康。）
- ○　幸いに何の異状もなく
  （一切正常。）
- ○　愉快に働いております
  （愉快地工作着。）
- ○　ほがらかに暮らしています
  （快乐地生活着。）
- ○　ずっと元気ですから

（总是很有朝气。）

○　どうか御安心下さい

（请您放心。）

4. 末文用例

○　まずは右まで・取り急ぎお願い申し上げます。

（仅此搁笔・匆忙恳求如上）

○　切にご自愛を祈ります・ご健康を祈りあげます。

（望您保重身体・祝您健康）

○　どうぞ皆様へよろしく願いあげます。

（请您代我给大家问好）

○　ご多用のところ恐れ入りますが・ご返事を賜らば幸甚に存じます。

（在您百忙之中麻烦您，真对不起。・如果能得到您的回复，我将甚感荣幸。）

○　ご迷惑なお願い幾重にもお詫び申し上げます。

（给您添麻烦了，实在对不起。）

三、信封的写法

日语信封有竖式信封（日本式）和横式信封（西式）两种。一般为竖式信封，邮寄日本国外信件时，常使用横式信封。

1. 信封正面

信封正面写收信人的邮政编码、地址和姓名。

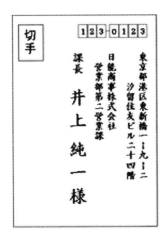
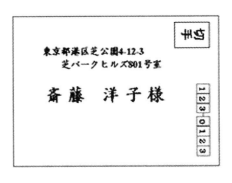

● 邮政编码写在规定的框格内。

● 写收信人的地址时，如果一行写不下可另起一行，在市町村名或最后的门牌号处分行书写，位置比前一行稍空几格。

● 收信人的姓名应写在信封的正中间，且字体比地址的字体大。有多个人名时，把不重要的人写在左侧，并都使用敬称。敬称一般用「様」，公函或事务性书信使用「殿」，团体或公司使用「御中」。

2. 信封背面

信封背面则写寄信人的地址、姓名和寄信日期。

 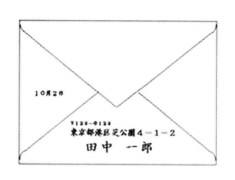

● 日期写法：写在左侧的上方

● 寄信人地址和姓名：以信封的接缝处为中心，右侧写地址，左侧写姓名，也可以都写在左侧。地址由中央部分开始书写，使之下方接近下封口。姓名的书写也应稍下一些，使之下方与地址的下方对齐。

● 封口处写上一个"封"字，或者画一个符号"〆"（读作"シメ"，表示"締め"的意思）。

 练习题

1．给考大学落榜的好朋友小岛写一封信，鼓励他或她不放弃目标，重振旗鼓，取得成功。（400字左右）

2．写一寄给你的朋友田中秀明的信封。他的住址是"北海道夕張市清水沢三二五"，你的地址是"埼玉县浦和市大崎四一大崎团地Ｂ栋四二号"。

第八章　商务信函

　　商务信函是商务往来的重要形式之一，商务信函的重要特点是把效率放在首要的位置上。因此，商务信函开篇就要说明主要事项，切入正题。文字上要简洁明了，通常使用敬体，注意商务信函的基本格式要求。

一、商务信函的格式

序文	文件编号	公司正式信件的编号。第一行靠右写
	文件日期	日期在交易活动中有着重要的意义，作为日后凭证依据也很重要。
	发件人地址及姓名	原则上是公司的主要负责人
	收件人地址及姓名	使用敬称书写收信人的姓名。如果收信人是公司或商店，则使用"御中"（公启），如果是个人则在姓名后写"様"、"殿"。如果收信人是公司业务方面的官员，为表示礼貌可在姓名之前加上职称。
正文	题目	在信函的最初一行写明题目。
	开头语	使用「拝啓」等
	寒暄语	商务信函讲究效率，无需冗长的客套话。
	正文承起辞	
	事情	明确表明自己的想法、愿望。
末文	末文承起辞	
	末文寒暄语	
	结尾语	
附录	附录	如果在正文中写会议的时间地点等显得繁琐，可以在附录中补充。如果随函附寄订货单等，一般需要在附录中注明："附件一份"等字样。

商务信函格式例：

公司内部文件	对外商务函件
文件编号 　　　　　　　　　　日期 收件人姓名 　　　　　　　所属・姓名 　　　　　　题目 正文 　　　　　　　记 附录1 　　　2 附件 　　　　　　联系人 　　　　　　内线电话	文件编号 　　　　　　　　　　日期 收件人姓名・所属 官衔・姓名・敬称 　　　　　　　　发件人公司名 　　　　　　　所属・官衔・姓名 题目 １．开头语 ２．正文 ３．末文 　　　　　　　　　　结尾语 附录1 　　　2 附件

例文 1　　订货单

園芸用ビニールハウスの御注文について

拝啓　貴社いよいよ御繁栄の趣お喜び申し上げます。
さて、貴社お取り扱いの表記商品を左記のとおりご注文申し上げます。

　　　　　　　　　　　　　　　　　　　　　　　　　敬具

　　　　　　　　　　　　記
一、品名　　Ｌ型園芸用ビニールハウス
一、数量及び単価　　五セット　単価二万六千円
一、納期　　平成十九年一月十五日
一、請渡場所　　当店持込み
一、運送方法　　貴社御一任
一、運賃諸掛　　貴社御負担
一、支払条件　　現金即時払い

以上例文中开头写明了标题「園芸用ビニールハウスの御注文について」、随后是开头语「拝啓」、在简单的寒暄语「貴社いよいよ御繁栄の趣お喜び申し上げます。」之后即进入了正文事情的叙述「貴社いよいよ御繁栄の趣お喜び申し上げます。」结尾写明了所订货物的名称和支付方式等具体细节。文字表达简洁、高效。

例文2　　　　　　　　　　谢绝交易书

> **取引お申し込みの件**
>
> 拝復　御社ますますご発展のことをお喜び申し上げます。
> 　さて、このたびは5月15日付け貴営第431号にて、取引開始のお申し込みをいただき、感謝いたしております。しかし、残念ながら、現在の仕込先との協定上、ここしばらくは新しい仕込先を設けない方針になっておりますので、お断りしなければなりません。ご厚意は、かさねがさね感謝いたしますが、事情ご了察のうえ、あしからずお許しください。
>
> 　　　　　　　　　　　　　　　　　　　　　　　　　　　　　　　　敬具

在写谢绝交易的书信时，首先要对对方的交易愿望表示感谢「取引開始のお申し込みをいただき、感謝いたしております」，并且在尽可能不伤害对方的前提下，写明谢绝意向「しかし、残念ながら、現在の仕込先との協定上、ここしばらくは新しい仕込先を設けない方針になっておりますので、お断りしなければなりません」。在格式上基本包括题目、开头语、开头寒暄语、正文等。

例文3　　　　　　　开始交易申请书（寻求客户时）

> 拝啓　貴社ますますご繁栄のこととお喜び申し上げます。
> 　さて、突然ではございますが、当社とお取引をお願いいたしたく存じます。当社は30年来、靴の卸売業を営んでまいりました。このたび創業20周年を記念して、御地に販路を拡張いたしたいと存じておりましたところ、御地の商工会議所から、貴社のご名声を承ったことです。つきましては、当社の経歴書・営業案内書及びカタログを同封いたしましたから、下記諸条件と合わせご検討の上、ご高配のほどお願い申し上げます。
>
> 　　　　　　　　　　　　　　　　　　　　　　　　　　　　　　　　敬具
> 　　　　　　　　　　　　　　　　記
> 　1．運賃諸掛り
> 　2．当社負担代金決済方法　　　　　　毎月25日締め切り、翌月15日払い
> 　3．同封物経歴書・営業案内書　　　　1通
> 　4．カタログ　　　　　　　　　　　　1通
> 　　　　　　　　　　　　　　　　　　　　　　　　以上

在提出开始交易时，首先要用礼貌谦恭的措辞，其次要写明对对方情况的了解程度以及了解途径，最后要表明货款的结算方式和其他交易条件。可同时附上自己公司的介绍资料和报价表等。

例文 4　　　　　　　　　　索取样品

遮光カーテン見本送付のご依頼

拝啓　貴社はますますご清栄のことと存じます。
　さて、当店では、近く遮光カーテンの仕入れについて見当を始めさせていただきたいと考えております。つきましては、貴社お取り扱いの遮光カーテンの見本をお送りくださいますようお願い申し上げます。当地は夏が近くになる事に従いまして、最近遮光カーテンの需要が増加しておりますので、相当量のご注文ができる見込みでございます。
　なお、見本代金の方はご請求があり次第にご送金いたします。
　まずは、見本送付のご依頼まで。

　　　　　　　　　　　　　　　　　　　　　　　　　　　　　　　　　　　　敬具

在向对方索取样品时，要说明打算进货的商品种类并询问交易价格，最后再询问是否需要样品费用。

例文 5　　　　　　　　　　寄送样品通知

遮光カーテン見本送付のご案内

拝復　貴店はいよいよご発展のことをお喜び申し上げます。
　さて、このたびは遮光カーテン見本のご請求にあずかり、深くお礼を申し上げます。本日、速達小包で、下記見本帳をお送りいたしましたので、ご覧ください。
　値段につきましては、同封見積表にご参照ください。ぜひとも大量のご注文を賜りますようお願い申し上げます。
　なお、見本帳の代金についてのお心遣いはご無用でございます。
　まずは、ご案内申し上げます。

　　　　　　　　　　　　　　　　　　　　　　　　　　　　　　　　　　　　敬具

　　　　　　　　　　　　　　　　　　記
　　1．送付見本帳　　　1冊
　　2．運賃諸掛り　　　当社負担
　　　　　　　　　　　　　　　同封物
　　1．価格表　　　　　1通
　　　　　　　　　　　　　　　　　　　　　　　　　　　　　　　　　　　　以上

在答复寄送样品或目录的请求书时，首先要对对方的青睐表示感谢。其次介绍有关商品本身和价格的优势，最后明确是否需要样品费用。

例文6　索取报价单

遮光カーテンの見積りのご依頼

拝啓　貴社はますますご発展のことをお喜び申し上げます。

　さて、下記遮光カーテンを入手いたしたく存じます。ご多忙中申し訳ございませんが、下記の取引条件により、7月20日までに見積書をご送付くださるようお願いいたします。最近この種のカーテンの売れ行きがかなり伸びていますので、値段によりましては引き続き大量にご注文できる見込みでございます。

敬具

記

1．品名・数量　　　遮光カーテン　1-1　○○枚
　　　　　　　　　　　〃　　　　 1-2　○○枚
　　　　　　　　　　　〃　　　　 1-3　○○枚
2．納入期日　　　　8月10日
3．運賃諸掛り　　　貴社ご負担
4．受渡場所　　　　当店店頭
5．支払期日　　　　毎月20日締め切り、翌月10日払い

以上

索取报价单时，需要说明所需商品的名称、数量以及其他的交易条件。

例文7　　見積書送付のご案内

拝復　貴店ますますご繁栄のことをお喜び申し上げます。

　さて、このたびは遮光カーテンの見積りご依頼をいただき、誠にありがとうございます。早速見積書をご送付いたします。別紙にご参照ください。

　従来のご愛顧にこたえることとして、また今後のお引き立てを期待し、特別価格を出しております。ぜひともご用命を賜りますようお願い申し上げます。

　なお、ご不明の点がございましたら、ご連絡あり次第スタッフが説明に参上いたします。

敬具

同封物

1．見積書　　　　　1通

以上

在寄送报价单时，首先要对对方表示谢意。然后经慎重判断的基础上给出报价单，并写明有效期限。

二、常用语句

1. 开头语
普通
○拝啓　　○拝呈　　○啓上

郑重
○謹啓　　○謹呈　　○恭敬

省略前文
○前略　　○略啓　　○冠省

回信
○拝復　　○敬復　　○復啓

2. 寒暄语
○　新年のお祝い申し上げます（祝新年快乐！）
○　早春の候（早春时节）
○　梅雨の季節となりましたが（进入梅雨季节了。）
○　初夏の季節（初夏时节）
○　盛夏の候（盛夏时节）
○　秋らしく感じられて（已能感知秋意……）
○　寒さが増すこのごろ（天气越发变冷……）
○　取り急ぎ用件のみ申し上げます（匆匆先说明要点……）
○　いよいよご清栄の旨お喜び申し上げます（祝您愈益康泰。）
○　ますますご隆盛のこととお慶び申し上げます（祝您生意兴隆。）
○　貴社ますますご繁栄のこととお喜び申し上げます（祝贵公司蒸蒸日上……）
○　この度は一方ならずお世話になり、厚くお礼申し上げます（此次承蒙关照，深表感谢。）
○　こちらもおかげさまで無事に過ごしております（托您的福，我们一切安好。）

3. 末文寒暄语
○取り急ぎご通知（送付）いたします（立即通知您）
○取り急ぎお返事（回答）申し上げます（即刻回复）
○ご通知（送付）をお待ち申し上げます（等候您的通知）
○お返事（回答）をお待ちいたしております（等候您的答复）
○至急ご回答下さいますよう、お願い申しあげます（恭候您的火速回复）
○何とぞよろしくお願い申し上げます（请多多关照）

4. 结尾寒暄语

一般

○敬具　　○拝具　　○敬白

郑重

○謹言　　○謹白

省略寒暄语

○早々　　○不一　　○不備

练习题

1. 请写一封你所在的生产厂家向贸易公司致初建贸易关系的信函。

2. 请写一封同意零售商贸易请求的信函。

第九章　日记

一、日记的种类与格式

　　日记是记录一天生活中的见闻、体验，尤其是其中一些自己认为重要的或印象深刻的事情的一种体裁。日记不仅仅是对生活的记录，其中还有作者自己对生活的反省与思考。日记大致可分为记录个人生活的个人日记和记录集体生活的集体日记两种。个人日记，尤其是生活日记大部分都是写给自己看的，因此，写法自由，没有太多的格式上的要求。集体日记又叫日志，像班级日志、小组日志、社团日志、航海日志、值周日志等公共性日记都属于集体日记。

例文1

アンネの日記

アンネ・フランク
深町真理子訳

1944年7月15日　土曜日

　親愛なるキティー（注①）へ、
　図書館から借りてきた本のなかに、『現代の若い女性をいかに考えるか』という、なかなか意欲的な題のものがあります。今日はこの問題についてお話したいと思います。
　この本の著者は、「いまどきの若いもの」を徹頭徹尾、批判の対象にしていますが、かといって、若い世代を十把ひとからげに、ろくなことができない、と糾弾しているわけではありません。むしろその反対に、もしも若い世代がそのつもりになれば、いまよりもより偉大で、より美しく、より良い世界をつくる力をそなえているのにもかかわらず、ほんとうに美しいものについて思いをいたすことのなく、ただ浅薄な現象にのみ心を奪われている、そう慨嘆しているのです。
　読んでいるうちに、なんだかこの著者がいくつかの箇所で、この私に批判の矢を向けているみたいな気がしてきました。そこで、これから一度だけわたしという人間を徹底的に貴方の前にさらけだし、著者の攻撃に対する自己弁護を試みたいと思います。

私の性格には、ほとつの顕著な特徴があります。多少なりとわたしを知っているひとなら、すぐに思いあたるにちがいありません。それは、私が自分をよく知っているということです。私は自分自身を、また自分の行動を、第三者のような目でながめることができます。この「いつものアンネ」に、わたしはまったく偏見なしに向かいあうことができますし、彼女についての言い訳をあれこれ考えることもなく、彼女のどこが良くて、どこが悪いかも、ちゃんと見てとっています。こういう自意識がどんなときにもわたしにはつきまとい、口をひらけばすぐにその場で、「もっとべつの言いかたをすべきだった。」とか、「いや、あれはあれで正しかった。」などと考えてしまいます。ほかにもわたしには、自分自身非難したいようなことがどっさりあって、とてもいちいちは数えていられないほどです。いつぞやおとうさんが、「子どもはみんな自分自身の教育に気を配らなくちゃならない。」と言ったことがありますけど、そのとおりだということが、このごろだんだんわかってきました。両親にできるのは、たんに子どもによき助言を与え、正しい道につかせてやることだけ。最終的に子どもの性格形成を左右するのは、子ども自身なのです。これに加えて、わたしにはすくなからぬ勇気があります。どんなときも、自分がとても強い人間で、たいていのことには堪えられると思っていますし、とても自由な、若さあふれる気性だとも感じています。はじめてこれに気づいたときには、すっかりうれしくなりました。これならば、どんな人間にも必ず訪れる打撃にたいして、たやすく屈することはナイト思うからです。

注①キティー：アンネが、日記帳につけた呼び名。

此文为《安妮日记》节选。第二次世界大战中，纳粹分子疯狂迫害犹太人，带有犹太血统的德国女孩安妮·弗兰克（1929—1945）在被强制关入收容所之前，和家人藏身在荷兰的阿姆斯特丹的一个房子里，写下了这些日记。在她死后的第二年，她的父亲将这些日记公开并发表，引起全世界的巨大反响。节选的这一篇日记的内容，是安妮读过『現代の若い女性をいかに考えるか』一书后对该问题的思考。

例文2

　　　　　　　　　　3月14日（金）　　　　　晴れのち曇り
午前10時～12時
　…来年度の海外旅行企画会議。
午後4時　（成田空港）
　…アメリカからのお客さんを出迎える。
　午後、人事部から電話をもらった。来月、李さんという新社員がうちの部門に来ることになった。
　李さんが中国から日本に来たばかりだが、日本語がとても上手だそうだ。うちの部員たちはみんな李さんの来るのを楽しみにしている。

这是某公司的某部门的日志,主要是记录这一天该部门的工作事项以及人事变动情况。

个人日记是私人性的日记,主要是为自己而不是为别人写的,书写随意,不受拘束,可详实客观地记下当日的生活,也可依据自己的感受、思考发表议论,抒发感情,甚至可以用诗文等形式。

例文3

10月23日　　日曜日

突然、「ドーン」という音がして、家がゆれ始めました。

地震が起きたとき、ちょうど、晩ご飯を作っていたので、ガスを使っていました。私は最初の「ゆれ」で転んでしまったので、何もできませんでした。

10秒くらいで最初の「ゆれ」は終わりました。部屋を見ると、まんがやらCDやらが棚から落ちていて、テーブルの上にあった、飲みかけのお茶が全部こぼれていました。それをふいているとき、ガスを使っていたことを思い出しました。火は消えていましたが、あわててガスの元栓を閉めて、窓を開けました。本当に火事にならなくてよかったです。

その後、テレビの横の棚から落ちたまんがを、しまい終わらないうちに、またゆれ始めました。「余震」です。今度は右手でテレビを押さえて、左手で棚を押さえて、「ゆれ」が終わるのを待ちました。そして、すぐにテレビをつけました。

ニュース速報

　東京23区　震度5、マグニチュード6.2

　東京都西部　震度4

　千葉、神奈川　震度4

　震源地　東京湾

　沿岸部にお住まいの方は津波に十分ご注意ください。

ニュースで、エレベーターの中に閉じ込められた人の話や、割れたガラスでけがをして、血だらけになった人が病院へ運ばれるのを見て、地震の恐ろしさを知りました。そして、今度地震がきたときは、落ちついて行動できるようにしたいと思いました。

这篇日记主要记述了自己经历的一次地震,作者尽可能详细地描写了眼中所能看到的家里的物品在地震中的状态,以及自己在地震中的情形,还有震后电视中的相关报导,结尾处谈到自己的一点想法。

例文 4

> 　　　　　　　　7月8日　　　晴れ
> 　今日はめっちゃに熱かった。
> 　顔を洗っただけで、Tシャツは汗でびしょ濡れ。
> 　天気よりずっとアツイのはやっぱり僕の心だ。なぜなら、今日は愛し続けてきた彼女に、プロポーズをするつもりだから。
> 　先週買ったばかりのダイヤの指輪は僕の手に握られている。手のひらも汗でびしょびしょ。
> 　彼女は僕にプロポーズされると、どんな表情になるんだろう。オッケーしてくれるのかな。断られたらどうするのかなと、電車の中で僕はずっと思っていた。
> 　やっと約束の場所に着いた。それはいうまでもなく渋谷駅の大きな看板の下。そこはいつも若者同士の待ち合わせの場所だ。今日は週末だから一層にぎやかになっている。若い男女はおしゃれな服を着て、携帯を使ってメールや電話をしているのを見て、僕も彼女を探しはじめた。
> 　といっても、胸がドキドキして、指輪のケースを握っていた右手もちょっと震え始めた。
> 　僕は約束の3時より5分前に来ていた。彼女はまだ着いてないようだ。僕は看板の真下でちょっと気持ちを落ち着かせて、彼女の姿を待っていた。
> 　やっと彼女はやってきた。白いワンピースにハイヒールだった。僕のお姫様だ！ちょっと挨拶して、二人はお菓子がとてもおいしいと知られている喫茶店に入り込んだ。
> 　窓側の席に座って、彼女は、「今日は話があるって、どんな話なの？」と単刀直入。僕はまだ心の準備はできてないためか、家で何度も練習したプロポーズの言葉はどうしても口から出せなかった。「ええ、ちょっと」しか言えなかった。
> 　彼女はまるで知っていたように、「大丈夫よ、何でも言って」と少し落ち着かせてくれた。
> 　その瞬間、僕は彼女と付き合った二年間のことを色々思い出した。初めて会った友達の家、一緒にすごしたディズニーのクリスマス、喧嘩してつらかった日々、僕が病気になった時にずっとそばにいてくれた彼女の笑顔……絶対彼女を誰にも渡さない、一生一緒にいてほしいと決意した。
> 　そして僕は言った。「僕と結婚してください」。長いプロポーズはその時、ただの一言になり、僕は彼女の返事を待っていた。
> 　彼女はちょっと驚いた顔をして、すぐ微笑んでくれた。「いいよ」と。
> 　その瞬間の気持ちは、もう言葉にできない。
> 　運命の一日でした。

　　这篇日记非常详细的记述了作者向女友求婚时的心情，用通俗的语言把自己的心理变化刻画得极为生动、感人。

二、日记写作注意事项

写日记应注意以下几个方面：

① 应标注清楚具体时间，对于某些特殊日记如航海日志等来说，记录天气也是必不可少的。这样也方便日后查找或核对相关信息。另，翻看以前的内容，回忆当时的情形。

② 日记是通过记录生活来用心思考生活、反省自己、审视世事的记录，所以应该如实记述客观事实。

③ 日记可以是如流水账般记录一天发生的事情（如例文2），也可以选择当天感受至深的事情和重要的事（如例文1和例文3），但要注意对于练笔来说，每天重复同样的内容没有意义，应该重点去写感受最深、最有意义的新事情。

④ 由于日记一般是写给自己看的，书写形式自由，所以也有人写的时候会使用一些只有自己才懂得的符号、简略字，或用图画形式，甚至加入一些网络上较流行的表情符号来表达心情，这也是日记的魅力之一。

练习题

1. 选择今天印象最深的一件事情写一篇300字左右的日记。

2. 日本人吉田到中国的大学来留学，今天是开学的第一天，请你设想一下他这一天的生活，并用他的口吻来写一篇200字左右的日记。

第十章 感想文

一、感想文的基本特点及写作要求

感想文是针对自己日常生活中所遇各种事物,将自己内心所感、所思加以归纳而成的文章,比如旅游初到某地、对该地方的印象,读一本书或看一部电影后自己的感受与思考,遇到某件事情时自己的心情如何等,这些都属于感想文。

感想文一般以第一人称来写,不必过于拘泥于形式,只要如实地把自己的所感、所想表达出来即可,因此,也可以称作随笔,写起来比较轻松,可写的素材也很多。在写作顺序上可以先陈述事实后发表感想,亦可夹叙夹议,但叙事时应具备时间、地点、人物、事件(起因、经过、结果)这几大要素(可参照前说明文)。

感想文一般基于直接体验,记录对自己在日常生活中耳闻目睹的事物的感想。

例文1

なんともったいないことか

先月、仕事でブラジルに行きました。ブラジルは、サッカー王国と言われているだけあって、町を歩いていると、至る所で子供達がサッカーをしているのを目にします。

驚いたことに、ゴロゴロと石が転がっていてあまり整備されていない道路の上で、子供たちははだしで、走ったりボールを蹴ったりしていたのです。体の小さい子も、女の子も、みんなはだしで、私より上手にボールを扱っていました。狭い道路を走り回って、暗くなるまで汗を流して遊んでいる彼らの笑顔を見ているうちに、私は、同じように暗くなるまで公園でサッカーをしたり、キャッチボールをしたりして遊んでいた自分の子供の頃を思い出して、とても懐かしい気持ちになりました。それと同時に、私の目の前にあるこの光景こそ、世界一のブラジルサッカーの原点だと思いました。

日本では、子供たちが転んでもけがをしないように、石を捨て、雑草を取りのぞき、水道やトイレまで整備されているきれいな公園を、町や市が税金を使ってたくさ

> ん作っています。しかし日本の子供達は、新しい靴をはいて、きれいな服を着て、整備された公園のブランコにじーっと座って、ポータブルのテレビゲームに夢中になっています。ブラジルから帰国した私は、この恵まれた環境をむだにしている子供達を見て、なんともったいないことかと思いました。
>
> でも、現在、テレビのニュースや新聞で、日本のゲームやアニメの製作会社が、世界中で非常に高い評価を得ているのを見て、この光景こそ世界一の日本のゲーム業界の原点なのかとも思い、複雑な気持ちになりました。

上文记录了作者在异国旅行时的见闻以及自己对所见事物的感想，前半部分叙事，后半部分抒发感想。叙事部分主要在第一、二段，叙事的几大要素基本齐全：时间——"先月"，地点——"ブラジル"，人物——作者，事件——"驚いたことに……"后略部分；抒发个人感想开始于第二段末尾处，由眼前所看到的巴西的景象怀念作者小时候的情景，同时表达个人的佩服之情，第三段用日本的情况来与巴西作对比，点题，体现出作者写此文的主旨，第四段笔锋一转，凸现日本与巴西相对立的一面，并抒发自己内心的复杂心情。文章的起承转合显得非常自然。

感想文也可以是基于间接体验的，如一本书的读后感，一部电影的观后感，对一幅画的欣赏，或是听音乐、广播后的感想，等等。

例文 2

> ### ミュージカル
>
> 　私は劇が大好きでよく見に行きます。とくにミュージカルが好きです。今までに見た劇の中で、一番良かったのは『王様と私』です。最近は『キャッツ』を見ました。
>
> 　ゴールデンウィークに、市内にある劇場へ行きました。あまりおもしろそうだと思わなかったのですが、友だちが見たがっていたので行きました。劇場は混んでいましたが、座って観ることができました。劇は思っていたよりずっと良くて、感動しました。
>
> 　キャッツがとてもかわいくて、舞台もとてもきれいでした。キャッツも人間と同じように人生への考え方を持っていると思いました。みんなにも観てほしいと思います。

这是一篇比较简单的音乐剧观后感。前两段记叙，最后一段抒情，第一段介绍作者自己的兴趣，引出话题，第二段讲述去观看音乐剧《猫》的大致情形，时间、地点、人物、事情都有清楚的交待，第三段抒发自己的一点感想。整体看来层次分明，虽然简单但充满轻松感。

日语写作

例文3

　今年も3月10日の「大人だけのドラえもんオールナイト」で映画を観るつもりだったのです。チケットも買って楽しみにしていたのに…。3月初め頃から急激に仕事が忙しくなり、5月の連休までびっしりお仕事！3月10日もチケットはパー。しかも映画が観れたのは5月20日。やっと今年の映画・ドラえもんを観ることができたのでした。
　まずは「のび太の太陽王伝説」です。冒頭の始まり方いいですね〜。太古のジャングルの奥深くにある幻の古代文明マヤナ王国。その国に恨みを持つ魔術師レディナの呪い。おどろおどろしい雰囲気のイントロです。そこへ突然白雪姫の劇の練習をしている、現代世界のび太達の状況がカットインされて、いつもの始まりへ…。以後、この遙か昔の古代の世界と現代世界が交互に描かれ、面白い効果を作り出しています。
　今回の基本設定の「マヤナ王国の王子の顔がのび太とソックリ」という仕掛けも面白かったですね。つまり「王様と乞食」の設定なワケですが、ドラえもんらしく時空を挟んでソックリな二人が入れ替わるという状況を楽しませてくれます。この描き方がなかなか楽しく、映画中盤を引っ張っていきます。後半は友情で結ばれた王子とのび太達が、魔術師レディナと戦い勝利するまでを描いていますが、中途半端に弱い悪役達や、のび太と王子が友情で結ばれる過程の描き方にちょっと無理があるのが気になりますね。特に「だって友達じゃないか！」というセリフで作られてしまう「友情」に説得力がありません。のび太がなぜ王子を「友達」としたのか？もっと丁寧に描かれるべきでした。
　しかし、藤子プロの原作とはひと味違った各エピソードの処理など全体的にはテンポ良く、始めから終わりまで一気に見せてくれる演出は絶妙でした。藤子・F先生がお亡くなりになった後の長編映画の中では一番面白い作品に仕上がっていると思いました。
　次に同時上映「映画・ザ★ドラえもんズ　ドキドキ機関車大爆走」ですが、今回はちょっと地味でまともな展開でしたかね？ゲストキャラの女の子の顔が…いかにも美少女アニメ顔？で、藤子ワールドをブチ壊してくれます。（ドラズはいつもそうですが…）
　前作のほうが、まだ弾けてて良かったかな〜？という感想でした。
　後略

　这是一篇较常见的动画电影观后感。作者将观影的感受用非常随意而流畅的语言表达出来，情境交融，贴近读者。

二、感想文的语言特点：

　　感想文一般是在提出将要叙述的事实后，自由地发表感想，其体裁决定了其语言不

会像说明文那样平铺直叙、注重客观性描述，而是带有较浓厚的主观色彩、表现在语言表达，在句子结尾处常用"と思う"、"と感じる"之类表达自己想法和感受的词语；感想文不必过于追求逻辑之严谨，文章充满轻松感，应避免使用直接断定的语句而多采用推断或推论的表现形式，如"らしい"、"かもしれない"、"ではなかろうか"、"はずである"等，使语气变得委婉，充分体现日语的语言表达特点。

将日语中较常用的一些表委婉语气或推测语气的句式介绍如下。

● "ようだ"表示婉转的断定

比况助动词"ようだ"接在"体言＋の"、用言连体形或连体词后面表示根据感觉而作出的直感判断，相当于汉语的"似乎"、"仿佛"、"好像"。"ようだ"所表示的断定语气婉转，并常和"どうも"、"どうやら"呼应使用，以加强"似乎"的语气。

例：
○ あの人は日本語を話していますけど、日本人ではないようです。
○ みんな日本に来たばかりの時には、ほとんど毎日のように意外な発見をして驚いたようです。
○ また、ゴミ捨て場に何でも捨ててあることや日本人の貯金好きと財テクブームにと、驚きの連続だったようです。

● 推量助动词"らしい"

"らしい"是形容词型的助动词，接在体言、形容动词词干和动词、形容词、助动词终止形下面，表示说话人依据客观事物的状态、事实、迹象或传闻进行的客观推测和委婉的断定。句中可以有推断的依据，也可以没有。其否定形式是"…ないらしい"。"らしい"常和"どうも""どうやら"呼应使用。

例：
○ これはどうも李さんが書いた文章らしいです。
○ 王さんに聞いたが、この映画は面白くないらしい。
○ 専門の散歩雑誌も出ているようだし、折りたたみができる軽量の自転車が売れているらしい。

● ～かもしれない

"かもしれない"接在动词、形容词终止形和名词、形容动词词干下面，表示"也许"、"或许"等。

○ 彼は話すことは上手ですが、書くことは苦手かもしれません。
○ これは案外、重要なことかもしれない。
○ 恋愛できない若者は増えているかもしれないが、恋愛をする老人は増えてい

> るそうである。
>
> ● ～（の）ではないだろうか
>
> "ではないだろうか"直接用在体言后，用言连体形后接"のではないだろうか"，可译成"不是……吗？""恐怕……"。
>
> ○ 個人の力などは社会を変えるに役には立たないのではないだろうか。
>
> ○ 外国語を覚えるためには、その国へ行って習うのが一番いいのではないだろうか。
>
> ○ 心配すべきなのは、「わたしの心は傷つきやすい。」ということではなく、「あなたの愛を感じとるわたしの能力は鈍いのではないか。」ということではないだろうか。

练习题

1. 请从以下题目中任选一个，结合自己的实际情况写出一篇400字左右的文章。

① この本をみんなに読んでほしい

② 二度と行きたくないところ

③ 一期一会

2. 以"今までの人生の中の一番＿＿＿＿＿こと"为题，写一篇500字左右的感想文，横线部分可自己发挥想象补充完整。（参考：如"うれしいこと"、"悲しいこと"、"愛を感じたこと"、"驚いたこと"、"忘れられないこと"等等。）

第十一章　演讲文（一）

演讲是指演讲者面对听众，以口头语言为主要形式、就某一问题发表自己的主张，或较完整地阐述某一事理的语言表达过程。在社会生活中，我们有时需要面对众多人阐述自己的看法，表明自己的主张。特别是在一些公众仪式上，如婚礼、会议、开业仪式等，有可能被邀请致辞，这在日本社会也不例外，因此，当被邀致辞时，需要注意语言表达方式、措辞、敬语的使用。日语演讲大体分为日常致辞和正式讲演两种形式。在本章介绍几种不同场合的致辞形式，希望在阅读时注意在不同的场合，面对不同的对象、不同的需要，所作的演讲文的措辞、表达形式以及敬语使用的不同。

一、开幕式或闭幕式上的致辞

例文1

オープン式での祝辞

日本北九州工業展覧会の開催にあたり、一言ごあいさつ申し上げます。

本展覧会が各方面からの注目と期待のうちに北九州市と友好都市を結んでおります〇〇市で開催できることは、主催者として誠に喜びに堪えないところであります。

〇〇市をはじめ中国側各関係機関の絶大なご協力を賜わり、衷心から感謝申し上げます。

日本北九州工業展覧会は国内外の関係各方面からの積極的なご支持をいただき、北九州市を主体とした日本の最新の技術と工業製品を展示紹介するものです。

このたびの展覧会は北九州市と〇〇市並びに日中両国間の友好関係を促進し、経済、貿易と科学技術の交流を一層促進する上で一定の貢献をするものと確信しております。

最後に本展覧会が〇〇市人民政府をはじめとする中国側関係者の皆様のご指示とご協力を得て、立派に成功をおさめるよう祈念いたします。

这是日本北九州市工业展览会在中国某城市的展览开幕式上的祝辞。首先对展览会的开幕表示祝贺，然后对给予支持的各界致以感谢，简单介绍此次展览会的展出内容，并展望会后将收到的效果，最后祝愿展览会取得圆满成功。

例文2

尊敬する中国○○展覧団団長○○○先生および中国の友人の皆さま
ご来場の日本の各界の皆さま
　去る5月5日より開催されてまいりました中国○○展覧会の閉幕式にあたり、一言ごあいさつを述べさせていただきます。
　このたびの展覧会は、開幕以来日本の各界の大きな関心を呼び、各地から参観者がぞくぞくとつめかけて連日の大盛況を呈し、日中双方の理解と友好を深めるという実り豊かな成果を収め、本日無事閉幕いたしました。15日にわたる会期中、入場者数延べ50万人を数え、成立商談件数計60件、総額5億5千万円に達したと承っております。このような成果は当初のわれわれの予想を大きく上回るものであって、誠にご同慶の至りであります。
　本展覧会がかくも大きな成果を挙げたことは、日中双方の交流の前途は洋々たるものであることを物語っております。展覧会は閉幕いたしましたが、私たちの仕事はむしろ今ようやく緒についたといってよろしいでしょう。今回の展覧会の成果を基礎に、私たちの協力関係が一層展覧することを心から期待いたします。
　展覧団の皆さまはまもなく帰国されるとうかがっておりますが、残された滞在期間を大いに利用されて、近辺各地の観光やショッピング等を楽しまれ、お疲れを癒されますように。
　では最後に重ねて本展覧会の成功を心よりお祝いして、私のごあいさつといたします。どうもありがとうございました。

这是某展览会的闭幕式上的致辞。首先祝贺此次展览会圆满闭幕，并介绍展览会取得的可喜成果，祝贺展览会获得成功。

例文3

　先ほどご紹介していただいた東京大学の田中と申します。
　本日、日韓大学院生シンポジュームの開催にあたり、一言ご挨拶を申し上げます。
　日韓大学院生シンポジュームは、東京大学社会情報学研究所とソウル大学メディア・コミュニケーション学院によって共催された盛大な学術交流会であります。この会議は、東京大学、ソウル大学に限らなく、世界各国の大学院生は自分の研究成果を発表する場所になっています。経済、社会のグローバリゼーションが急速に進んでいる現在、学術における全世界の交流もますます重要になっています。とりわけ人文・社会科学研究において、民族、人種、国籍などによって、考え方は多様になってい

> す。そして、情報の流通は急速になっているにしたがって、地球は一つの「村」になって、世界各地の人々は時空を越えてコミュニケーションすることができるようになりました。
> 　この現実に直面して、われわれ学術界で活躍しているものは、自分の領域に閉じこもるのではなく、学問の扉をオープンして、様々な対話を行うべきだと思います。今回のシンポジュームは、このような対話の一環として、それなりの役割を生かしていこうと願っております。
> 　それではみなさん、今回のシンポジュームは大成功になりますように、心からお祈りいたします。

这是一篇国际学术论坛的开幕式致辞。该致辞讲出了举办此次学术会议的社会背景及意义所在，并预祝会议取得成功。

常用语句

写开幕式和闭幕式的致辞稿，需要对该活动的背景以及参加各方有所了解，致辞内容中不可缺少的是对此次活动的良好的祝愿和对所参与各界人士的感谢等。

> （1）值此、正当、正值、时值、当……时
> 　　……に当たり（当たりまして）
> 　　……が開催されるに当たり
> 　　……の…式を盛大に挙行するに当たり
> 　　……会を開催するに当たり
> 　　……会を開催されるに当たり
> 　　……式を盛大に挙行されるに当たり
> 　　……を催すに当たり
> 　　……を開くに当たり
> 　　……を迎えるに当たり
> 　　……の開幕に当たり
>
> （2）谨表祝贺（我简单地说几句）
> 　　一言ごあいさつします。
> 　　ちょっとごあいさついたします。
> 　　ごあいさつさせていただきます。
> 　　ちょっとごあいさつを申し上げます。
> 　　ごあいさつ申し述べさせていただきます。
> 　　お祝いします。

お祝いいたします。
お祝いさせていただきます。
お祝いを申し上げます。
祝賀の意を表したいと思います。
祝賀の辞を述べさせていただきます。
ご盛会を祝し、祝賀させていただきたいと思います。
祝辞を述べさせていただきます。
祝意を申し上げます。

(3) 感到高兴、荣幸
……はまことに喜ばしいことです（であります、でございます）。
……は、私にとってまことにうれしいことです（であります、でございます）。
まことに喜ばしく思います（存じます）。
非常にうれしく思います（存じます）。
私の喜びとするところです。
私の非常な喜びとするところであります。
最も喜びとするところです。
まことに喜びにたえないところであります。
このうえない喜びであります。
このうえもなく喜びに存じます。

(4) 结尾（祝辞的结束语）
簡単ながら私のあいさつといたします。
まことに粗辞でございますが、お祝いのことばといたします。
簡単でありますが、以上を持ちまして式辞といたします。
私の祝辞にかえさせていただきます。
はなはだ粗辞ながらお祝いのことばといたします。
私のあいさつを終わります。
ごあいさつの要旨であります。
ごあいさついたす次第であります。
深甚なる祝意を表する次第でございます。
ご祝辞といたします。
以上を持ちまして私のあいさつといたします。
私の話はこのへんで終わります。
ご清聴ありがとうございます。

(5) 开店、开业、动工、落成
ご開業をお祝い申し上げます。
ご竣工をお祝い申し上げます。
ご落成をお祝い申し上げます。

（6）祝买卖兴隆
　　　御社のご隆盛をお祈りいたします。
　　　商売繁昌をお祈りいたします。
　　　御隆盛をお祈りいたします。
　　　御多幸をお祈りいたします。
　　　社運のますます御隆盛あらんことをお祈り申し上げます。
　　　御繁栄と御多幸をお祈り申し上げます。

（7）祝成功
　　　ご成功を祈って止みません。
　　　立派に成功をおさめるよう祈念いたします。
　　　輝かしいご成功をおさめられますよう心からお祈りいたします。

二、欢迎会、欢送会上的致辞

例文1

歓迎会挨拶

　〇〇〇〇青年連合会の皆様を熱烈に歓迎いたします。
　わたしは昨年新潟県の青年たちが貴国を訪問したときの団長を務めました湯本であります。
　司会を担当している者は、副団長の羽山です。ほかに13人の仲間が皆様を歓迎するためにここに集まっております。
　昨年九月、我々は貴国訪問に際し、安副省長並びに政府の方々から熱烈な歓迎を受けました。
　ここに御出での趙先生をはじめ青年連合会の多くの方々と友好を深めることができました。
　また、〇〇〇〇省をはじめ北京、上海の文化や産業にも親切に案内していただきました。一同を代表して厚くお礼を申しあげます。
　ここにある一衣帯水の書は太陽島での交歓会のとき書いて頂いたものです。
　近年来両国の相互訪問は次第に多くなり、双方の協力も緊密になりました。
　この書のように新潟県と〇〇〇〇省とは本当に近くになりました。
　これからますます近くになることを祈っております。
　お忙しい日程のようですが、新潟県の産業や文化に接して友好を深めてください。
　〇〇〇〇省青年連合会の皆様に感謝していた旨をお伝えくださることをお願いして歓迎の挨拶といたします。

一般来讲，欢迎会上的致辞，应饱含作为主人迎客人的喜悦之情，营造欢迎客人到来的热烈气氛，使来访客人宾至如归，到场的各界人士和谐相处，以达到增进友谊的目的。

例文2

送別会でのあいさつ

　ちょうど一年前、日本の土を踏んだわたしは何もわからない外国人でした。
　それが皆さんのご指導で、なんとか一年間無事に、そして充実した留学生生活を送ることができました。
　勉強や研究の面では、わたしのような者をひきたてて、励まし導いてくださった田中先生、井上先生、山田先生、鈴木さん、小野君、本当にありがとうございました。田中先生と井上先生のご指導で研究もいちおうまとまりました。
　日本で学んだことを大切にして帰国してからも、さらに研鑽に努め、りっぱな日本語の先生になるようがんばるつもりです。
　今後ともよろしくご指導ください。
　また、生活の面では、田中家のご主人と奥さん、太郎君、とも子ちゃん、それに田中先生の奥さん、道夫君、大変お世話になりました。
　わたしのようなおっちょこちょいを一年間も身内のようにあたたかく見守ってくださいました。
　その上、習慣の違いでいろいろな失敗をしたこともありましたが、そのたびに励ましてくださいました。
　おかげさまでホーム・シックなど感じたこともありませんでした。ありがとうございました。
　また、田中研究室の皆さんからいろいろアドバイスをいただきました。
　そのアドバイスはいつも適切で役に立つことばかりでした。
　この日本での一年間をふりかえってみると、わたしはいろいろなことを学んだと思います。その中でも意義があったと思うのは人は一人で生きているのではなくて、多くの人たちに支えられて生きているのだということがわかったことです。
　皆さんのご恩に対して、どのように報いればよいかわたしにはまだよく分かりませんが、国に帰りましたら、微力ですが、精一杯努力して、中国と日本の友好のためにできるかぎりのことをするつもりです。
　どうぞ皆さん、今後とも見守っていてください。
　簡単ですが、お礼のことばといたしました。
　ほんとうに皆さん、お世話になりました。
　ありがとうございました。

在欢送会上，主人致欢送词，而客人要还礼答谢。这篇例文是在日本留学一年、即将归国的一位中国学生在其欢送会上的致辞，主要感谢日本的老师、朋友对其在日学习、科研和生活的各个方面的帮助与照顾。

通常欢迎会和欢送会是以宴会的形式进行，宴席上一般主方先致辞，然后客方还

礼。阅读下面一篇例文时，须注意致辞中的敬语和自谦语的使用。

例文 3

答礼宴における主客双方のあいさつ

[日本側]
　本日は、私ども、ほんの気持ちばかりではございますが、ここにささやかな宴席を設けさせていただきました。これをもちまして、皆様方の暖かいご配慮と、厚いおもてなしに対して、心から感謝の意を表したいと思います。
　私たちはこれまで長い付き合いでありまして、お互い気持の通じ合ってきた仲でございます。ですから、どうか、ご遠慮なく、時間の許すかぎり、心ゆくまで酒を汲み交わし、存分にご歓談くださいますようお願い申し上げます。
　お国の古い言葉にもこう言っているではありませんか。
　酒は知己に会えば、千杯も少なし。
　話機に投ぜざれば、半句も多しと。
　さあ、どうぞ、杯をお挙げになってください。

[中国側]
尊敬する鈴木団長先生
親愛なる友人の皆様
　本日、私どもは、この美しい夕焼のもと、鈴木先生ご主催の情誼あふれるこの宴席に出席させていただき、まことにお名残り惜しい気持で一杯でございます。
　ただいま、団長鈴木先生の友情に満ちあふれるご挨拶をいただきまして、本席をお借りしまして、私は在席の中国の同僚を代表いたしまして、皆様のお心のこもったご接待と、鈴木先生の暖かいお言葉に対して、心から感謝の意を表したいと思います。

例文 4

　高橋課長、ご着任おめでとうございます。高橋課長は、平成〇〇年に広島支店に入社され、その後、大阪、名古屋と一貫して営業畑を歩いてこられました。
　今回はご本人の希望である故郷での勤務と、課長昇進を同時に果たされ、本日着任なさいました。いわば凱旋帰国というわけです。
　今日ここに集まっているメンバーは全員営業部のメンバーです。我々と致しましては、高橋課長を迎え百万の味方を得た思いでおります。
　高橋課長にとってはここはふるさと、すべてを知り尽したホームグランドということになります。
　どうか存分に力を発揮して頂くようお願いいたします。
　よろしくお願いします。

　这是一篇某一职员通过调动升迁后赴任时的欢迎辞。欢迎辞中介绍了该职员的基本情况和调动前后的情况，并对其升迁表示了祝贺。

例文5

営業部長の〇〇です。新入社員のみなさん、入社おめでとうございます。わが営業部は優秀な社員が育つという伝統があります。みなさんが、わが社での第一歩を、この部署から踏み出すことを心より祝福します。

ご存知の通り、わが社は昨年上場したばかりでまさに勢いが余っています。中でも営業部は活気に満ちあふれ、若いみなさんが活躍するにはもってこいの場と言えるでしょう。

ときには、終電ぎりぎりまでの残業や休日出勤が続くこともあり、ベテラン社員でも音をあげそうになることもありますが、若いうちにそれを経験しておけば、いつ、いかなる部署に配属されようと、必ずや困難を乗り越えていける力強さが養われるに違いありません。

みなさんは初めて会社組織に入るわけですから、職場の仲間とうまくやっていけるだろうかといった不安を覚えるかもしれません。しかし、そんな心配は無用、と言っていいでしょう。いくら仕事に厳しくとも、人間的には優しい者ばかりです。よき兄、姉のようにいろいろな悩みに耳を傾けてくれるはずです。何か悩みが生じたら、遠慮せずに相談してください。

最初からできる人間はいません。わからないことがあれば、「新人だから」で許される間に先輩に尋ね、どんどん吸収してください。

私がこれまで見てきた限りでは、20代でのがんばりがその後の成長に大きく影響します。力を発揮する舞台は整っていますから、後はみなさんのやる気次第です。自分の能力を信じ、ときにはがむしゃらになって、思う存分、がんばってください。

覚えなければならないことがたくさんありますが、私のようなオヤジにはない新しい感性をもっているみなさんに、意見やアデアをどんどん出していただきたいと願っています。

どうか初心を忘れずがんばってください。みなさんの活躍を期待しています。

上文是日本企业里常见的欢迎新员工的贺词。一般由部门的负责人向新入社的员工表示祝贺并提出对今后工作的要求和希望。

例文6

営業部に配属されました〇〇です。本日は私たち新入社員のために歓迎会を開いていただきありがとうございます。諸先輩方からの貴重なアドバイスや激励の言葉をちょうだいし、身の引き締まる思いです。

入社してまだ数日ですが、入社式で社長のおっしゃった「今日の続きに明日はない」という言葉を念頭にがんばりたいと思います。今はただ、一日も早く諸先輩のように仕事をてきぱきとこなせるようになることを目標にいたします。もちろん、並大抵の努力では足りないでしょうが、一日一日を大切にして成長していきたいと思います。

上文是新员工的代表在欢迎会上的发言。针对上司提出的希望，表示谢意和自己的决心。

常用语句：

（1）表示欢迎
　　ようこそ
　　ようこそ/よくいらっしゃいました。
　　ようこそ/よくおいでになりました。
　　ようこそ/よくおいでくださいました。
　　おいでをお待ち（いた）していました。
　　心から歓迎（いた）します。
　　心から/衷心より歓迎の意を表します。
　　皆様のご来訪を心からお待ちしております。
　　皆様のご光来に対して心から歓迎いたします。
　　有朋自远方来，不亦乐乎：
　　朋有り遠方より来たる、また楽しからずや
　　（友人が遠くからたずねてきて、それもまた楽しいことではないか）。

（2）欢迎来访
　　ご来訪を歓迎します。
　　ご来訪を心からお待ち申し上げます。
　　おいでを楽しみにお待ちしております。
　　ご光来を仰ぎます。
　　ご光来/光臨をお待ちしています。
　　ご来臨を乞います。
　　ご来駕をお待ちいたします。
　　ご臨席をお願いいたします。
　　ご出席を賜わりますようお願いいたします。
　　ご光臨の栄を賜わりますようお願いいたします。

（3）欢迎再来
　　（どうぞ）またいらっしゃい。
　　来てください。
　　いらっしゃってください。
　　いらしてください。
　　おいでください。
　　おいでをお待ちしています。

（4）希望再会
　　また会いましょう。
　　お会いしましょう。
　　お目にかかりましょう。

お目にかかりたいものです。
お目にかかれる日を楽しみにしています。
お会いできる日を楽しみにしています。
再会できる日を楽しみにしております。

（5）祝一路平安、一路順风
どうぞお元気で（さようなら）。
ご機嫌よう（さようなら）。
どうぞご無事で（さようなら）。
道中ご無事で（さようなら）。
ご無事をお祈りします。
ご道中のご無事をお祈りいたします。
途中の無事をお祈りしたします。
途中御順調をお祈りしたします。

（6）热情接待
心からのご歓待/おもてなし
心こもるご歓待/おもてなし
心にあたたまるご歓待/おもてなし
至れり尽くせりのご歓待/おもてなし
ご厚情あふれるご歓待/おもてなし
暖かいおもてなし
手厚いおもてなし
ご丁重なおもてなし
細心のご手配おもてなし
懇篤（こんとく）なおもてなし

（7）承蒙款待
ごちそうになりまして
ごちそう/お招き/ご招待/おもてなし/ご歓待/ご供応/引き立てを受けまして
　　　　　　　　　　　　　　　　　　　　　にあずかりまして
　　　　　　　　　　　　　　　　　　　　　をいただきまして
　　　　　　　　　　　　　　　　　　　　　を賜わりまして

（8）承蒙关照
お世話/ご配慮/ご高配/力添え　　　　によって（＝よりまして）
　　　　　　　　　　　　　　　　　にあずかりまして
　　　　　　　　　　　　　　　　　をいただきまして
　　　　　　　　　　　　　　　　　を賜わりまして

（9）感谢得到关照
（いろいろと）お世話になりました。

　　　　（いろいろと）お世話をかけました。
　　　　（いろいろと）随分ご迷惑をおかけしました。
　　　　（いろいろと）随分ご厄介になりました。
　　　　（いろいろと）ご面倒をおかけしました。
　　　　大変お世話になりました。
　　　　どうもお世話さまでした。

（10）表示感謝
　　　　（どうも、ほんとうに）ありがとうございます/ました。
　　　　（どうも）恐れ入ります。
　　　　大変恐縮です。
　　　　（まことに）感謝にたえません。
　　　　（心から）感謝いたします/いたしております。
　　　　（心から）厚くお礼（を）申し上げます。
　　　　お礼の言葉もございません。
　　　　何とお礼を申し上げていいか分かりません。

三、婚礼和葬礼上的致辞

例文 1

結婚披露宴祝辞

おめでとうございます。

私はただいまご紹介いただきました田中であります。

謹んで一言御祝詞を申し上げます。

このたび、鈴木様御夫妻の御媒酌(ばいしゃく)によって、金田一はじめ様と李莉様との間に御良縁が相整(あいととの)われまして、本日この盛大な御披露宴に出席しておりまして、一言お祝いを申し上げますことは、心から喜ばしく光栄に存じます。

新郎金田一様は〇〇〇〇大学の御出身で現に合弁企業の重職にあられ、スポーツ、読書、その他あらゆる方面に趣味豊かな前途多望な青年実業家であり、新婦様は〇〇〇〇大学の御出身で教養を積まれた才媛(さいえん)でありまして、ここにお二人の晴れのお姿を拝見しましてまったくよくお似合いのカップルであると心からお祝い申し上げる次第であります。

お二人は御両親の多年の待望が実現して、ここに新しい人生への御出発をなさるのでありますが、どうか新郎新婦におかれましては、この吉日(きちじつ)をとしこえにお忘れになることなく相ともに携えて人生の行路を歩まれ、ともに白髪の生えるまで、栄えますことをお祈り申し上げまして、私の心を込めてのお祝いのことばといたします。

这是一篇非常正式的婚礼祝词，祝福是主要内容，同时也向来宾们简单介绍了新郎新娘双方的基本情况。如果是很亲密的朋友的婚礼祝词，可以使用更加轻松随意的语气，例如可以通过介绍自己和新郎（或者新娘）的关系以及某个事例，展现或强调新人的优点和个人魅力，并送上由衷的祝福。

例文2

　　今ここに木村先生の葬儀に列席し、中国側を代表し、また私個人の名において、慎んで御霊前に追悼の辞を捧げます。
　　先生は最近まで大変ご健勝であり、先月北京で開かれた中日文化交流会にも出席され、その後再会をお約束してお別れしたばかりです。まさか、それが永遠のお別れになろうとは夢にも思いませんでした。
　　このたび、突然先生の訃報に接し、深い悲しみを禁ずることができません。今、御霊前にぬかずき、万感こもごも胸に去来し、言うべき言葉を知りません。
　　先生は中国語に堪能で、中国の事情をよく知り、中国人に対し兄弟にも勝る深い友情をお持ちでした。両国間の不幸な時代においても、さまざまな障害があった時代においても、先生は終始変わることなく中国人民に対して深い理解を示し、中国と日本国の間を頻繁に行き来し、中日友好に心血を注いでこられました。
　　寝食を忘れるほどのご活躍が病魔を呼ぶ結果となったのでありましょう。突然として逝去されました。「朋有り遠方より来たる、また楽しからずや」、いつも暖かく迎えてくださった先生の笑顔を、私たちはもう二度と拝見することができないのです。
　　先生を失うことは、中日両国人民にとって誠に大きな損失であり、深い悲しみであります。
　　しかし、先生が生涯かけて、自ら育てられた友情の木は、やがて美しい花を咲かせ、豊かな実を結ぶに違いありません。私たちはこの悲しみを乗り越え、先生の遺志を継いで、世世代代にわたる友情を立派に育て上げなければなりません。先生のご功績とご指導を深く銘記し、生前の面影をしのび、心からご冥福をお祈りいたします。
　　木村先生、どうぞ安らかにお眠りください。

这是一篇追悼式上的吊唁，简述该人生前的事迹，表达对其逝去的悲痛与缅怀之情。

常用语句：

（1）婚礼上常用：
　　このたびはどうも（①結婚式）おめでとうございます。
（2）丧葬仪式上常用：
　　このたびはどうも（②葬式）ご愁傷さまでございます。
（3）结婚披露宴祝辞
　　月下氷人（げっかひょうじん）、結びの役を引き受け

晴れがましい祝典に巡り合うことのできた喜び
このように立派な御披露宴にお招きいただき、しかもご丁重なおもてなしにあずかり
めでたく華燭（かしょく）の典をあげられ
新しい人生の門出（かどで）に出発されるに際し
このうえない御良縁（ごりょうえん）
まったくお似合いの新郎新婦
理想の御夫婦
終生変わることのない夫婦の誓い
まことに欣喜（きんき）のいたりに存じます。
多幸な人生を享受（きょうじゅ）されますようお祈りします。
前途ますます御多幸あらんことを心からお祈りします。
お二人の末長き前途の御多幸をお祈りいたして、私のお喜びのことばといたします。

除了以上列举的仪式致词外，还有许多其他仪式致词中可能用到的语句介绍如下：

（1）关于各种仪式

起工式	着工式	竣工式	除幕式	落成式	完成式
完了式	入学式	入校式	卒業式	表彰式	受賞式
成人式	記念式	開幕式	開院式	開設式	開場式
開園式	開館式	開会式	調印式	歓迎式	結婚式
編成式	告別式	祝賀式	閲兵式（えっぺいしき）	出初式（でぞめしき）

（2）祝贺
① 生日：お誕生日おめでとうございます。
② 入学：ご入学おめでとうございます。
③ 合格（考取、考上）：ご合格おめでとうございます。
　　　　　　　　　　　栄（けえ）ある合格をお祝い申し上げます。
④ 毕业：ご卒業おめでとうございます。
　　　　ご卒栄おめでとうございます。
⑤ 荣升：ご栄進おめでとうございます。
　　　　ご栄進をおいわいいたします。
⑥ 当选（中标、选中）：ご入選／当選おめでとうございます。
⑦ 祝寿：還暦のお祝いを申し上げます。（60歳）
　　　　喜寿のお祝いを申し上げます。（77歳）
　　　　米寿のお祝いを申し上げます。（88歳）
⑧ 鹏程万里：洋々たる前途をお祝します。
　　　　　　前途の御多幸をお祈りいたします。
　　　　　　前途に栄光あらんことをお祈りいたします。
　　　　　　前途ますます御多幸あらんことをお祈りいたします。

练习题

1. 请你以学生代表的身份写一篇你们学校校庆仪式上的发言稿。（400字左右）

2. 你的最好的朋友要举行婚礼了，希望你在婚礼上代表朋友们致辞，请你起草一篇500字左右的婚礼致辞。

第十二章　演讲文（二）

一、演讲稿的基本特点

除了前面介绍的日常致辞外，还有许多场合需要面对众多听众，就某一个问题阐述自己的较系统而完整的主张。这一类演讲通过面对听众进行耐心细致的讲解，旨在说服听众接受自己的主张，如学术讲演就是其中的一种，因此，与一般的致辞在内容和形式上都有所不同。

演讲稿没有严格的、固定的格式，标题和正文两部分。标题可以清楚地表明演讲的内容，正面提出自己的观点。正文部分与一般作文一样，开头、展开和结尾组成。开头部分一般都是开门见山地提出全文的中心论点或主要内容，说明演讲意图，有的情况下需要在演讲稿的正文前加上对听众的称呼；展开部分是主体，要突出和强调讲话的中心问题，不可轻重不分，面面俱到；结尾要总结全文，强调论点，给听众留下深刻的印象，可以给人以理性启迪，给人以鼓舞，提出奋斗口号，发出号召，展示美好前景等。

好的演讲稿，应该既有热情的鼓动，又有冷静的分析，要把抒情和说理有机地结合起来，做到动之以情，晓之以理，其例证要动人，感情要深厚，结构要清晰、完整，并注意节奏跌宕。

例文1

着　物

外国人にとって日本の印象とはなんでしょう。富士山、桜に新幹線やハイテク産業、そして着物を着た日本女性ではないでしょうか。ところが実際に日本に来てみると、着物姿はほとんど見られず、皆が洋服を着ているのにがっかりしてしまう外国人も多いようです。

「美しい着物を着ないで、何故洋服を着るのですか。着物は日本の民族衣装でしょう？」

これは外国人が必ず尋ねる質問です。

確かに着物は見る人にとって美しいかもしれませんが、着る方にとっては大変なの

> です。まず人間の体は曲線的にできているのに着物は直線的で、特に幅の広い帯で体を締め付けられると食事もできません。そで（たもと）は長く不自由で、床まであるすそは歩くのに不便です。「着物を着ると女らしくなる」と言われますが、それもそのはずです。着物を着るとゆっくりした動作しかできないのです。
>
> なんだかこんなことばかり言っていると着物を着たくないと思われるかもしれませんね。しかしそこが女心、たとえどんなに不自由でも、やはり美しいものは身につけたいのです。
>
> お正月、成人式、結婚式などの第一礼装はやはり着物です。正装の時は絹の友禅染めの着物が着られることが多く、その模様の美しさは一種の美術品とも言えます。
>
> 普段着に着物を着る人はだんだん少なくなっていますが、それでも年配の婦人がつむぎの着物で観劇に出掛けたりするのは、なにげないおしゃれでなかなかよいものです。
>
> ゆかたは木綿でできた夏用の着物です。絹と違って洗濯も楽ですし、値段も手頃ですから、あなたもゆかたを着て盆踊りにでも出掛けてみませんか？素足にげたを履くのも忘れないでね。

例文的演讲主题是日本的和服，这在标题中就已经体现，开头部分通过一个问句引出下面要阐述的内容，即为何现在的日本看不见人们穿和服了，展开部分先解释造成这一现象的原因，然后从女性的心理角度出发，强调说明穿和服的美，结尾处用反问、劝诱的口气来倡导听众积极穿着和服。

例文2

> ## 忘れられない言葉
>
> 今年、初めて担当したクラスの学生が、大学に合格しました。「先生、先生のおかげで大学に受かりました！」と、職員室でうれしそうに話してくれました。私はとてもうれしかったです。私はこの言葉を聞いて、ある人のことを思い出しました。
>
> 4年前、私はイギリスのリヴァプールという町に留学していました。小さいころから、新聞記者になりたいと思っていたので、大学でマスコミの勉強をして、英語の勉強をするためにイギリスへ行きました。リヴァプールはとてもにぎやかな町でした。しかし、大きな森をはじめ、たくさん自然があって驚きました。
>
> 学校では、いろいろな人と出会いました。ブラジルや韓国の友達もできました。友達とサッカーの試合を見たり、ゴルフをしたりしました。その中で、私にとって最高の出会いは、マイケル先生に会ったことでした。話すことが苦手だった私に対して、マイケル先生はいつも「話したいという気持ちさえ持っていれば大丈夫です。」と励ましてくれました。それから毎日マイケル先生と話をしました。
>
> リヴァプールでの3か月はあっという間に終わりました。私はこの経験を絶対に忘れまいと誓いました。そして、日本に帰ってきて、私は就職しました。
>
> 留学していなければ、マイケル先生に会っていなければ、私はきっと教師にはなっていなかったでしょう。

该文向听众陈述了作者的一段经历：在异国留学的生活中认识了一位老师，给予了自己极大的鼓励，并影响了后来的人生。通过叙述，并且在叙述中抒发自己的感情，表达了作者对这位外国老师的崇敬和感激，这一篇典型的叙述式演讲稿。

例文3

友情について

　ここで私が述べているのは、本当の友達、真の友情で結ばれた親しい友達のことです。本当に理解し合うことのできる、信頼し合うことのできる友達、そういう友達を私たちは常に求めています。そういう友達はそうたくさん必要ではありませんし、また実際問題としてそうたくさんはできないでしょう。しかし、少数でもよい、一人でも二人でもよい。もしそういう友だちを見い出すことができれば、それは私たちの人生の最大の宝、生きていく上での最も大きな力と喜びを与えてくれるに違いありません。

　本当の友達は、多くの場合、若いときからの年来の友人、学校時代あるいは二十歳前後のいわゆる青春時代からの友人です。大人になってから、殊に三十歳を過ぎてから、心からの親友を見い出すことは、ないことはないでしょうが、なかなか困難なことです。私の場合でも、親友の大部分は学生時代からの友人です。だから学生時代に、あるいは二十歳前後の若いときによい友人を発見することは極めて大事なことですが、なぜ若いときの友人が一生の友人になることが多く、それに比べて大人になってからでは親友ができにくいか、このことを考えてみると、友情とは何かがかなりはっきりしてくると思います。

　その人の存在だけでこちらが慰められ、励まされるような友達、生涯続いて変わらない美しい友情、こういったものが若いときに作られることが多いということは、そういう若い時代には各自が素直に人生に直面しており、したがって素直な自己をさらけ出して生きているので、心と心が素直に触れ合うことが多いからでしょう。言い換えれば、青春の時代にあっては、打算的，功利的な考えで人と交際することが、大人の社会に比べて少ないからでしょう。

　一口に友人といっても、その種類や程度はさまざまだと前に申しましたが、世間には単に利害関係だけで結ばれている友人関係や、利害関係だけでなくてもごく表面的な関係だけで交際している人を友人と呼んでいる場合が、大変多いのです。利害関係だけで結ばれているならその利害関係の変化によって、今まで親友のように交際していた人どうしがたちまち敵のようになってしまうこともあるでしょう。それは決して友だちとは言えません。また単に表面的なこと、例えばクラスが同じだとか、趣味が似ているとか、職場が一つだとかということで友人になっている場合があっても、それはそれでよいでしょうが、これだけでは生涯の友にはなれません。なぜなら、本当の友情とは心と100の触れ合いですから、表面的なことだけでは成立せず、お互いの真実をぶつけ合う素直な気持が必要だからです。

该演讲稿通过"真正的朋友大多出自青春时代，成年后难以找到好友"这样一种观点为中心，展开论述，阐明真正的友情是什么，有理有据，旗帜鲜明，是一篇议论式演讲稿。

例文 4

> ### 緑
>
> 　緑を増やすには、私たちは一人一人が身近にできることから何よりもまず行動に移していかなければなりません。それにはどうしたらよいでしょうか。
>
> 　その解決策の一つとして、私は一人一人が「自分の花、自分の木」というものを決めて、そこから緑を増やしていくようにしたらよいと考えました。
>
> 　それぞれの県には代表として決められた花や木があります。例えば、東京都の花はソメイヨシノで、木はイチョウです。それと同じように、自分の好きな花や木をめいめいが決め、その身近な一本の花や木を育てることから始めたらどうでしょうか。
>
> 　私だったら、「自分の花、自分の木」を朝顔にします。緑を増やすというと、普通は木を考えますが、都会に住み、庭も少ない私たちには、大きな木を育てるようなことはなかなかできません。その点、朝顔だったら、ほんのすこしの庭かベランダがあれば、十分に育てられます。

这是一篇号召听众为绿化作出自己的贡献的演讲文，它给大家介绍了作者考虑的绿化方法："自分の花、自分の木"，还以作者自己为例，加以详细阐明。

例文 5

> ### ヒーローの涙
>
> 　あの時の父を思い出す度に、今でも涙が零れそうになります。それは私が中学生の時でした。
>
> 　期末試験の前日、風邪を引いた私は早く床につき、朝目が覚めたのは七時十分を過ぎたころでした。普段は父が六時半に私を起こしてくれていたのに、その日に限って寝坊をしたのです。
>
> 　遅刻しちゃう、急がなくっちゃ！
>
> 　だるい体で支度をしながら、心の中で父を責めていました。どうしてこんな大事な日に寝坊したの。急いで、父が暖めてくれたミルクを腹立ち紛れに床へ撒き散らし、そのまま振り向きもせず、学校まで走っていきました。着いたとたん、雨が降り出したのをなぜか覚えています。
>
> 　試験は難しく、その緊張や具合が悪いのに朝食を抜いてしまったことが重なったせいか、終わったあと気を失ってしまいました。
>
> 　気がつくと病院のベットの中にいました。そばのテーブルに見慣れない箱の形をした入れ物がおいてあり、キャップをあけて見たらぷんといい匂いのするスープが入っ

> ていました。
> 　自分がとてもお腹が空いてることに気づき、これは父がもって来てくれたのかなと思いながら全部飲んでしまいました。
> 　夕方の六時ごろ病院を出ようとしたら、出口の所で隣の家のおじさんに会ったので挨拶をすると"もう大丈夫かい？"と声を掛けてくれました。
> 　私の不思議そうな顔を察してか、夕べおじさんの息子が急に病気になってしまい、残業や出張で帰れなかった両親の代わりに父が明け方まで看病をしたと話してくれました。さらに、私が倒れたと聞いて自転車で病院に駆けつける途中、大きな水溜りに落ちて怪我をし、私の寝ていた病室の隣に運び込まれたこと、その時持っていたあのスープを水に浸からぬよう助けが来るまでずっと高く持ち上げていたこと、そしてスープはおじさんが代わりに置いてくれたのだと続けました。
> 　声も出ないほど驚き、おじさんにお礼も言わず、部屋に駆けつけました。横たわる父の顔はやつれていましたが、優しいまなざしを私に向け震える声で言いました。
> 　"体は大丈夫かい。試験は大丈夫だったか？ごめんね、寝坊しちゃって。"
> 　よく見ると、老いた顔に何かが光っていました。それは生まれて初めて見る父の涙でした。
> 　その時、私は何かに包み込まれたような得も言われぬ気持ちになりました。きっと、にじんだ向こうに映る涙のしずくが心の中に落ちてきて、愛情という名の大きな波紋が体の中に広がったのだと思います。暖かさ、柔らかさ、いとおしさ……決して忘れることのできない抱きしめられるのにも似たあの感覚を言い表せる言葉は今だに見つかりません。
> 　以来、父とあの日の出来事を話したことはありませんが、時々映画の一場面のように記憶がよみがえってくることがあります。
> 　皆さんには、困ったとき最初に顔が浮かんだり支えを求めたくなる、そんな心のヒーローはいませんか。
> 　あの涙は私のそれが誰であるかを教えてくれました。
> 　彼はみんなから感謝され、その名を広く知られているわけではありませんが、誰かと問われれば胸を張って答えるつもりです。
> 　私はあの日の気持ちを大切な心の宝物として、これからもヒーローと一緒に歩き続けていきます！！

　　这是一篇讲述自己亲身经历的演讲稿。作者用感人肺腑的语言讲述了自己和父亲之间的一段往事，字里行间透露出震撼人心的父爱和作者内心的深深的感动，是一篇颇具感染力的抒情式演讲稿。

二、演讲稿写作要求

　　① 前期准备：要写好演讲稿，首先必须了解听众对象，注意听众的组成，了解他们的大致性格、年龄、受教育程度、出生地等信息，分析他们的观点、态度、心理、希望

和要求是什么。掌握这些以后，就可以决定采取什么方式来吸引听众，说服听众。

②确定主题：一篇演讲稿要有一个集中的主题，主题要鲜明，无中心、无主次、杂乱无章的演讲是没有人愿意听的。总之，应用心选择一个自己真正想陈述的、并且对自己、对听者来说都具有价值的主题。

③语言特点：演讲稿的语言要求做到准确、精练、朴实、生动形象、通俗易懂，可以运用幽默、谚语、比喻等，多用口语化的语言，深入浅出，把抽象的道理具体化，把概念的东西形象化，让听众听得入耳、听得明白。为听众留下深刻的印象，还可以选择一些带有独创性的或是具有幽默感的话题，以吸引听众，也可彰显个人的魅力。由于演讲最终是通过声音传送至听众的耳朵中，因此通俗易懂最为重要，除了练好清晰的发音以外，在写演讲稿时也应特别注意以下几点。

（1）避免使用某些难以理解的或较生僻的汉字词："齟齬（くいちがい）"等。应尽量使用大家都常用易懂说法。

（2）避免使用某些专业性较强的外来语：如"アンサンブル（デザイン・色柄・材質などの調和のとれた一揃いの服。組み合わせて着るためのコートとドレス、ジャケットとドレスなど）"、"アクアティント（18世紀に発明された腐食銅版画の一種）"等。如果演讲中一定要涉及到这样的内容，可以简单地对其进行说明。

（3）注意某些缩略语的用法：如"レク（レクリエーション）"、"なつメロ（なつかしいメロディー）"等。如果只是自己熟悉而听众可能不懂的话，应该使用完整用语或寻找替代说法。

（4）充分考虑某些新词、流行语的普及度：如"ブンヤ（新聞記者）"、"キレル（頭にきた）"等。有些新词有可能出来太新，尚未普及开来，因此尽量使用原有说法或尝试给听众简单的解释。

（5）避免使用易引发误解的某些同音词：如"参会と散会"、"悪性と悪声"等。像"悪性"是经常使用的，因此对不常使用的"悪声"应进行替换，可用"悪い声"代替，以免引起误会。

练习题

下列若干值得讨论的问题，大家可以四五人一组，选择1—2个感兴趣的问题展开小组讨论。

> 1. あなたが友達を選ぶとき、自分と似ている人を選びますか。それとも、自分と性格や趣味が違う人を選びますか。

2．「常に積極的に動き回る生活」と「常にマイペースでゆっくりとした生活」と、あなたはどちらを選びますか。

3．就職するとしたら、あなたは大きくて安定した会社で働くことを選びますか。それとも、小さくても働き甲斐のある会社で働くことを選びますか。

4．あなたは、「仕事をするときに最も大事な問題は、報酬である」という意見に賛成ですか。反対ですか。

5．「自分に合わない会社は、出来るだけ早く辞めたほうが良い」という意見があります。あなたはこの意見に賛成ですか。反対ですか。

6．ある人は、「自分が会社に迷惑をかけたとき、その責任を取るために会社を辞めるのは当たり前だ」と言います。またある人は、「会社を辞めるのは無責任だ」と言います。あなたはどちらの意見に賛成しますか。

7．中国の文化や習慣の中で、ぜひ日本人に伝えたいと思うものは、どんな文化や習慣ですか。

8．若いときに外国で一年間暮らす機会が与えられたとします。あなたは次の2つのうちどちらを選びますか。①出来るだけ多くの国を訪れる。　②一つの国、地域にずっと滞在する。

9．国際都市を作る計画があります。あなたなら国際交流のためにどんな施設を作りますか。

10．あなたが外国人の家を訪問するとします。あなたが一番関心のある場所はどこですか。たとえば、キッチンや風呂場、玄関などがあります。

11．ある人は、「情報社会では、学校も先生も必要ない。自分ひとりでも勉強すれば十分だ」と言います。また、ある人は「どんなに進化した未来社会でも、学校や先生は絶対に必要だ」と言います。あなたはどちらの意見に賛成しますか。

12．「学校での勉強は、実社会では役に立たない」という意見があります。あなたはこの意見に賛成ですか。反対ですか。

13．ある人は「たとえどんな場合でも子どもに体罰を与えてはならない」と言います。また、ある人は「場合によっては体罰が必要なこともある」と言います。あなたはどちらの意見に賛成しますか。

14．「学校で一番大切なのは試験の成績だ」と言う人がいます。あなたはこの意見に賛成ですか。反対ですか。

15．「子どもにとっては、人口が多く自然の少ない大都市で育つよりも、自然に囲まれた田舎で育つほうが良い」という意見があります。あなたはこの意見に賛成ですか。反対ですか。

16. 「家庭では、親が子どもに厳しくしたほうがいい。つまり家庭での教育は必要である」という意見と「子どもは自然に育つものだ。家庭での厳しい教育は必要ない」という意見があります。あなたはどちらの意見に賛成しますか。

 练习题

请以"私にできる環境保護"为题,写一篇600字左右的演讲稿。

第十三章 研究报告

一、研究报告的基本特点

日语中研究报告一词为"レポート",这个词从英文的"report"而来。所谓研究报告是指就某些具体事件、事实或课题进行调查、实验或研究,并将研究的成果归纳而成的报告书。研究报告首先最重要的是正确地记录,然后是进行介绍、说明。因此研究报告具有说明文和记录文两者的性质。学生所提出的研究报告一般为课程总结、读书·调查·实验·研究的报告、或由老师指定题目要求写的小型论文。

二、研究报告的写作要求

① 对研究报告的对象、事物的基本信息必须做深入细致地调查和把握。
② 依据调查研究对象,确定具体而有效的研究方法。
③ 所收集的资料和信息,必须可靠,整理归纳须有其客观性。
④ 必须按照规定的要求和格式整理和撰写报告内容,作到语言平实,结论可信。
⑤ 将所参考的资料、他人的观点与自己的意见明确加以区分,标注清楚。
具体而言,研究报告形成的的程序:
下面以一篇关于彩虹的研究报告为例,来说明研究报告写作程序。

1. 确定题目

> 私は空が好きなので、何か空に関係あるものを調べたいと思った。それでインターネットを見てみた。すると、虹についてのっていた。虹のことは詳しく知らなかったので、虹を調べようと決めて調べてみた。

这一段陈述了作者这篇研究报告选题的理由。

2. 調査方法

> まず、気象庁のホームページや自然科学事典を見て、虹のでき方について調べる。次に、専門書を読んで科学的には虹の色は何色ということになっているか調べる。その次に何ヵ国かの留学生に簡単なアンケート調査を行い、虹を何色だと思うか意識調査をする。

这一段介绍了作者在调查相关信息时用到的方法，有上网、读书和问卷调查这三种方式。

3. 調査内容

> 雨が上がったあとには空気中にたくさんの水滴が浮かんでいる。そこに、水滴内部に空気中を通ってきた太陽の光が進入すると、進路が折れ曲がる。光は透明に見えるが、実際は色があり、わずかずつ異なる折れ曲がれ角度が一定の角度を持っているために、アーチ状に見える……

这一段是调查研究的中心内容，详细介绍和说明了作者调查到的有关彩虹的内容。

4. 整理撰写

> 虹は雨上がりにできやすいとは知っていたが、詳しくは知らなかったので、水滴や屈折が関係あるとわかってよかった。また、虹は科学的には、赤、橙、黄、緑、青、藍、紫とされているそうだ。私自身も七色だと思っていたが、それはところによって異なることがわかって、面白いと思った。……

这一段的内容是对调查内容的整理、分析，并作出了自己的概括和总结。

5. 参考资料

気象庁公式HP	http://www.jma.go.jp/jma/		
『自然科学事典』			科学社
『銀河の道　虹の架け橋』	大林良太郎・著	1999.6	小学館
『気象の不思議』	山田博・著	2001.3	東京大学出版局

研究报告最后一定要列出自己做研究报告时用到的参考文献。

将以上五部分的内容放在一起就是一篇完整的研究报告。

例文1

日本人のペット観の変化についての一考察

1．本報告の目的
　内閣府による「動物愛護に関する世論調査」（平成15年7月調査）の結果を主な分析資料とし、日本人のペット観の変化とその背景について考察する。

2．「ペットの飼育率」及び「飼育されているペットの種類」の推移
(1) 「ペットの飼育率」の推移（資料図：略）
　　　1980年代～1990年：34％前後→2000年以後：約36％
　　　※　博報堂生活総合研究所による調査結果（「生活定点」）
　　　1990年：約35％→1992年以後：40％台後半でほぼ横ばい
(2) 飼育しているペットの種類（資料図：略）
　　　犬と猫の比率：上昇
　　　鳥類と魚類の比率：低下

④ ペット飼育に関する意識の変化
(1) ペットを飼育している理由
　　　「家族が動物好き」が最も多く、増加傾向
　　　「気持ちがまぎれる」が大幅増加（1983年：19.4％→2003年47.9％）
(2) ペット飼育がよい理由
　　　「生活に潤いや安らぎが生まれる」が最も多く、過半数を占める。
　　　「防犯や留守番に役立つ」は約3割程度にとどまる。

⑤ 考察
(1) ペット観の変化：「ペット（愛玩動物）」→「コンパニオンアニマル（伴侶動物）
　　家族一員としてのペット
(2) 社会的背景：少子高齢化、核家族化
　　　子供が独立した後の喪失感や一人暮らしの寂しさを埋める精神的癒し

⑥ まとめと今後の課題

⑦ ［主な参考文献］
尾崎裕子「ペットに関する研究」
http://www.asahi-kasei.co.jp/hebel/pet/kenkyu/report　　2005.4.24
内閣府大臣官房政府広報室「動物愛護に関する世論調査」
　　http://www8.cao.go.jp/survey/h15/h15-doubutu　　　2003.9.4
林良博（2001）『ペットは人間のお医者さん－共に暮らすための知恵と実践』東京書籍
横山章光（1996）『アニマル・セラピーとは何か』NHKブックス784　日本放送出版協会

 練習題

请从下面选任意一个题目，写出研究报告的提纲。
1. 日本における人口減少問題について
2. オリンピックの歴史と意義について
3. 地球の環境問題について
4. 北京市の交通事情について

第十四章　学术论文

一、论文的基本特点

论文，顾名思义，是以某一或若干论点为核心构成的科学研究成果。就一个研究对象，以独自的立意提出假说，或以独自的方法进行调查研究，发表基于可靠资料的论证和通过敏锐的考察而获得的独到的结论。论文视独创性为生命，是以客观的态度探索的结果，因此，论文的写作必须使读者理解并接受从立论到结论的整个过程的必然性。

一般论文结构分为三个部分：序论（准备阶段）、正论（提供论据，加以证明）和结论。

二、论文的写作要求

下面具体介绍论文各部分的具体写法。

1. 序论

序论主要由背景说明、提出问题、确定方向、预告全文四个部分组成。

背景说明

希望读者在阅读该论文前有所了解的内容，应该整理放在背景说明部分进行介绍。也就是说，应该向读者说明论文主题所涉及的相关知识和信息，例如，阅读一篇以"ODA"为主题的论文时，如果不清楚ODA是什么，作者也不予介绍，读者就有可能读不下去。

日语中说明事物的常用表现方法：

> ①介绍为何物（名词）
> 「～は～である」
> 例：「入試」とは「入学試験」を省略したものである。
> 　　「新型肺炎」とは「SARS」の略称である。

> ②介绍状况（形容词）
> 「～ている」「～と言われている」
> 例：税制度に不満を持っている国民は少なくない。
> 　　日本の市場は閉鎖的であると言われている。
> ③介绍迄今为止的历史、演变过程（动词）
> 「～た」「～であった」「～てきた」
> 例：世界の国々は経済優先の政策を取ってきた。
> 　　かつての通信手段は電話のみであった。

其次，作为学术论文，还应介绍先行研究情况，即到现在为止有关该主题有哪些人做过什么样的研究，得出了什么样的观点，等等，尤其需要让读者清楚哪些观点是已得出的；指出先行研究中的不足或未触及到的部分，从中寻找进一步探讨问题的切入点，并强调该研究的必要性和重要性。

介绍先行研究常用表现方法：

> （名前）は（方法）、（その結果から）内容　＋　動詞（～ている・～た）
> 動詞：～とする　～と述べる　～と分析する　～と結論付ける　～を明らかにする
> 例：①前田は（1993）大学生に面接調査を行い、大学生の講義に対する意識を明らかにしている。
> 　　②前田は（1993）大学生に面接調査を行い、その結果、「大学生は講義の内容のおもしろさに敏感である」と結論付けている。
> 　　③前田は（1993）大学生に「おもしろい講義にはまじめに出席する」という回答が多いことから、大学生は講義を敏感に評価すると結論付けている。
> 　　④学生の態度について、前田は（1993）講義の内容も決定要因であるとしている。

提出问题

在阅读大量先行研究时，可能会发现一些问题，或者是研究上的不足，或者是论证领域的涉及不够。在序论的提出问题部分，应该将这些问题加以明确和提炼。

日语中指明问题的表现方法有：

> ～研究がない　十分でない　～には言及していない　～は言及されていない
> ～だけである　～に止まっている　～は～に問題がある　～には問題点がある
> それは～ことである　～は～が十分でない　～が行われていない
> ～では～できない　～について明らかではない

> 例：①外国の人を受け入れた日本人の心理的側面の研究は十分ではない。
> ②日本人とビールの関係については、これまであまり研究がない。
> ③このごろすでに東アジアは同じような考え方をしている哲学者がいたことは、これまでの研究であまり言及されていない。
> ④この問題について、城山（1996）は子供の反応の記述の段階に止まっている。
> ⑤そのような文脈がどのように形成されるのか明らかではない。

除此以外，从自己进行的实验、调查结果以及日常生活中遇到的现象中也可能会产生疑问，提出问题这一部分中也可说明这些疑问。具体表现方法有：

> 信息不足时：（どうして・どのように・いつ・どこで）〜のだろうか
> 例：①どうしてグループBが成績がよかったのだろうか。
> ②明治時代になって顕著に見られるこの変化は、いつごろ、どのように始まったのだろうか。
>
> 发现问题时：（果たして・本当に）〜のだろうか
> 例：①この結果は、果たしてスミスの仮説だけで全て説明されるのだろうか。
> ②この変化は本当に明治時代になって突然始まったのか。
>
> 提出自己的思考时：実は〜のではないだろうか
> 例：①実はこの結果にはスミスの仮説以外の要因が関与しているのではないだろうか。
> ②明治時代における大きな変化の始まりは、実は江戸時代にあるのではないだろうか。

确定方向

这一部分主要有两方面的内容：一是要表明论文写作目的，一是要让读者清楚该研究的方法论。

> 表明论文写作目的的语言表现形式有：
> 本稿の目的は（動詞）ことである
> （動詞）ことが本稿の目的である
> （動詞）検討する・考察する・分析する・明らかにする・探る
> 本稿では（動詞）〜る・〜たい
> 以下では（動詞）検討する・考察する・分析する・明らかにする・探る
> 例：①本稿の目的は日本の選挙制度を検討することである。
> ②以上のような問題に解答を与えることが本稿の目的である。

③本節の目的は中日の近代史の歴史を探ることである。
④そこで、以下では言語と文化について考察したい。

表明解决问题的方法的语言表现形式有：
与写作目的分开表示：（動詞）扱う・取り上げる・用いる・〜に限定する
例：①本稿は日本の農村の意識を分析する。例としてM町での調査結果を取り上げる。
　　②本稿では日本の高齢者の運動能力について述べる。その際、対象を60歳以上に絞る。
　　③本稿ではスミスの理論を参照する。それによって日本文化の特徴について考察する。
与写作目的一起表示：（〜て・〜ながら・〜によって）目的
　　　　　　　　　　（〜観点から・側面から）目的
例：①例としてM町での調査結果を取り上げ、日本の農村の意識を分析する。
　　②日本の高齢者の運動能力について対象を60歳以上に絞って述べる。
　　③日本の福祉について経済的側面から述べる。
　　④日本の福祉について歴史的観点から検討する。

预告全文

在序论的最后部分要简单列出论文的各章各节概要，向读者预告论文的大致内容和结构及预期成果。具体表达方法有：

まず（最初に）〜　　　次に〜　　　最後に
まず第一に〜　　　　　第二に〜　　最後に（第三に）〜
〜章では〜
例：①本稿では、まず第一に経済性の面から、第二に栄養バランスの点からセットメニュー方式とカフェテリア方式を比較する。そして最後に体調との関係からセットメニュー方式を評価する。
　　②本稿では、第一に歴史について述べ、第二に現状を分析し、最後に将来の展望について考察してみたいと思う。
　　③本章では、まず、アンケート調査を行い、次に結果を分析し、最後に比較してみようと思う。

2. 正论

正论是论文的核心部分，在这一部分运用事实、数据等作为论据对所预期的结论进行充分地论证。在这一部分，因论文写作思路、所用资料及方法不同，论文的展开和论证亦不同。下面就运用日语写作时，较常用的若干语言表达事项加以说明。

日语写作

> **提出论据**

提出各种数据、列举材料时，会用到陈述事实的语句和陈述意见的语句。

列举的材料数据有以下3种类型：

1. 事件材料：历史事实或众所周知的事件。

    说明现在的状况：～は～である　～形容詞　～る　～ている　～と言われている

    例：① 中国は国連の常連理事国である。

    　　② 外国で出版された本が日本に紹介される。

    　　③ 日本に伝えられた言語は多い。

    　　④ 外国では今、中国語ブームだと言われている。

    说明调查、实验的结果：～は～である　　～であった　　～た

    例：① アンケートの回答者は全員女性であった。

    　　② アンケートの結果についての分析を行った。

    　　③ 実態を詳細に検討する目的で、面接調査を行った。

2. 数量材料：表格、图表等利用数值的数据。

    带有肯定态度的数据表现形式：　　動詞肯定形　　　動詞可能形

    数値＋～に（も）及ぶ・～に（も）達する・～に（も）至る・～に（も）上る

    概数＋～をはるかに超える・越す・上回る

    例：① 10トンにも及ぶ（達する・上る）。

    　　② 今回の参加者は100人を超えた（100人に達した・100人に上る）。

    　　③ 今年度は昨年度に比べて、2トンの増産だった。

    带有否定态度的数据表现形式：

    数値　＋　～に過ぎない　～に止まる　～に抑えられる　～のみである

    数　　＋　～しか～ない　～をはるかに（大きく）下回る

    概数　＋　～以下　～より少ない　～未満　～足らず

    概数　＋　～に（も）満たない　～に及ばない

    例：① 今年の5月の就業率は2.5％に過ぎない（満たない）。

    　　② 今年の就業率は3％に止まった。

    　　③ 今年の失業率は3％に抑えられた。

    　　④ 正答率は半数をはるかに下回っている。

    不带任何方向性的数据表现形式：　　～（の）は（数値）である

    例：① 2003年の失業率は5.7％である。

    　　② 今年の農産物生産高は、米が50万トン、小麦が36万トンであった。

提出观点

　　该部分先对列出的数据材料进行解释说明，然后进行考察，即在说明的基础上陈述自己的意见。对数据材料的解释，其实就是用自己的语言将数据的意义再加以整理概括和表达的过程。有几种语言表达方法可供大家参考：

> ● つまり/すなわち/言い換えれば　〜　である/（という）わけである。
> 　例：①今年の失業率は5.6%である。つまり減少していないのである。
> 　　　②彼らは補助金を受け取っていた。すなわち、報酬を当て込んで活動しているのである。
> 　　　③実際には6時ごろ帰宅している。言い換えれば、労働時間は短縮されていないわけである。
>
> ● ここから　〜　（ということが）　分かる/認められる/うかがえる/うかがわれる
> 　例：①週休4日制である。このことから、週24時間しか働いていないことが分かる。
> 　　　②以上の結果から日本人の肉食の歴史が浅いことがうかがえる。
> 　　　③以上の結果から、特に日本の製造業では空洞化が進んでいることがうかがえる。
>
> ● これは　〜　（という）ことを　意味している/示している/表している
> 　例：①週休4日である。これはつまり週24時間しか働いていないということを意味している。
> 　　　②これは古代の貴人が庭に来世を見ていたことを示している。
> 　　　③これは、日本の製造業で働く労働者の職場が減少してきたことを表している。

　　数据材料解释清楚后，就要对引用的材料观点表示赞同，也可以表示反对，或是提出自己的疑问，并作分析和解答。

> ● 表示赞同：
> 　（私は）（著者名）の見解/意見/考えに賛成である。
> 　（著者名）が述べているように〜
> 　（著者名）の〜という見解が注目される
> 　（著者名）が〜と述べていることが注目される
> 　〜ことは（著者名）が述べている通りである
> 　この点では/この点については/私は（著者）の見解に異論はない。
> 　例：①筆者は吉田博士の見解に賛成である。

②吉田博士が述べているように、税制の改革が必要である。
③吉田博士が税制の改革が必要だと述べている点は傾聴に値する。

● 表示反対[1]：
(私は)（著者名）の見解には異論がある。
(私は)（著者名）とは見解を異にする。
(私は)（著者名）の見解には同意できない。
（著者名）の見解には疑問がある。
例：①筆者は吉田博士の税制の改革が必要であるという見解には異論がある。
②筆者は吉田博士の税制の改革が必要であるという見解には同意できない。
③筆者は吉田博士の税制の改革が必要であるという見解には疑問がある。

● 表示疑問：
本当に/果たして/なぜ〜の（だろう）か　──　なぜ解釈しようとしないのだろうか
どう〜のだろうか　　　　　　　　　　　──　どう解釈するのだろうか
どうして〜だろうか　　　　　　　　　　──　どうして増加したのだろうか
どんな〜だろうか　　　　　　　　　　　──　どんな原因だろうか
何が〜だろうか　　　　　　　　　　　　──　何が原因だろうか
なぜ〜だろうか　　　　　　　　　　　　──　なぜそのような結果になったのだろうか
例：①この現象をどう解釈するのだろうか。（〜説明すればいいのだろうか）
②このように周到な計画がどうして失敗したのだろうか。
③なぜ、その問題をあくまで解決しようとしないのだろうか。

● 表示疑问，并自己给出答案：
〜（の）かというと
〜（の）かと言えば
①列出材料：AグループとBグループではAグループの成績がよかった。
②提出疑问：どうしてAグループのほうが成績がよかったのだろうか。
③解答疑问：なぜAグループのほうが成績がよかったかというと
　　　　　　どうしてAグループのほうが成績がよかったかと言えば
④说明：Aグループは十分な時間があり、余裕があったからだと思われる。

提出结论

这一部分是提出问题部分的对应。下面以『日本人と漫画』为题，具体来看一看提出问题的部分和提出结论的部分的呼应关系。

---

[1] 表示反对时，论文中一般不直接使用「反対である」，因为显得口语化。

日本人と漫画

「問題提起」の文例：

　しかし、日本人が漫画を好むのは果たしてストレス解消のための一種の遊びとしてだけだろうか。それだけなら、漫画以外に、日本には娯楽産業が豊富である。現在の日本の漫画出版量を見るとき、単なる娯楽の道具だけとは考えにくい。現在の日本には娯楽以外に漫画の果たす役割があるのではないか。漫画は今や子供の娯楽から、日本の文化の一つとしての役割を果たしつつあるのではないか。

「結論提示」の文例：

　このように、漫画はあらゆる領域、あらゆる世帯で愛されていることが分かった。漫画は出版物から発展して映像の世界へも広がっている。官公庁の案内・説明・学校で使われる教科書など、漫画はなくてはならないものとなっている。
　つまり、漫画は絵画・音楽・文学などの分野と同じように、日本社会に認知され、陰の存在から公認の世界へと成長してきたわけである。社会に認知され、公認となったことは日本文化の一翼を担うことになった、と言い換えることができるのではないだろうか。

在提出问题部分，作者提出了"日本人喜欢漫画是否只是一种消除紧张感的娱乐方式"这样一个疑问，然后提出了自己的基本意见："漫画作为日本文化的一种在不断发挥着作用"。而在提出结论部分，作者通过前面的一系列论证得出："漫画和绘画、音乐、文学等领域一样，也得到日本社会的公认，成为日本文化组成的一部分"，形成了前后呼应。

下面介绍几种提出结论的句型，仅供参考：

●このように	考察内容＋動詞	ことができる/ように思われる
以上のことから	考察内容＋動詞	たほうが良い/だろう
以上のように	考察内容＋動詞	ていい/のではないか
したがって		

（動詞：考える/言う/見る/する/認める/見なす）

例：①このように、漫画は単なる時間つぶしと考えられがちだが、実際は人々の日常生活と緊密に結びついているということができる（ように思われる）。
　　②以上のように、物質的に豊かな生活では、欲望には限りがないように思われる。我々はこのような生活をさらにシンプルにしたほうがよいのではないか。
　　③したがって、若者たちはそれぞれの理想を実現するためにそれなりの努力を重ねていると考えたほうがいいのではないか。

```
●このように          考察内容                        明らかになる
 以上               考察内容      （という））ことが    分かる
 いじょうのことから   考察内容                        結論つけられる
```
例：①このように、漫画は今や日本人の文化の一つであるということが明らかになった。
　　②以上、日本の製造業は国外進出によって空洞化したことが分かる。
　　③以上のことから、日本の農家は兼業化が進んでいると結論つけられる。

```
●要するに     考察内容     のである
 このように    考察内容     のではない（だろう）か
 つまり       考察内容
```
例：①要するに、漫画はすでに日本文化の一つなのである。
　　②このように、日本の製造業は国外進出によって空洞化したのではないだろうか。
　　③つまり、日本の農家は兼業化が進んでいるのではないか。
　　④このように考えてくると、つまり、平等を考えるより、個性を考えるほうが重要なのである。

```
●結論を言えば         考察内容    ということである
 結論から先に言えば    考察内容    のである・のではない
                                （だろう）か
```
例：①結論を言えば、日本社会において、外国人労働者は差別を受けているということである。
　　②結論から先に言えば、老齢化社会では労働力不足に陥るのである。

3．结论

结论是对以上的内容的概括和总结。一般来讲，总结的内容包括全面总结、成果评价和提示展望等。

全面总结

全面总结部分包括对结论的概括、对目的方法的概括和对论据的概括。
概括结论的语言表现形式有：

```
●以上              動詞（見る・検討する・分析する・述べる）  てきたように
 以上のように      （論じる）
●以上のように     （結論の要約）  ことが分かった・明らかになった・示された
                                 ことを示した・示唆された
```

- ●以上（を）まとめると　結論の要約　　　ということになる
  - 例：①以上述べてきたように、たばこは健康に害があることが明らかになった。
    - ②以上のように、女性の社会的地位は向上していないことが分かった。
    - ③以上、論じてきたように、公園の多少は市民の健康に影響があることが示唆された。
    - ④以上をまとめると、世界の環境破壊は急速に進んでいるということになる。

目的方法与结论一起概括：

- ●（以上）（本稿では）　目的や方法の要約　その結果、結論の要約
  - ことが分かった・明らかになった・示された・ことを示した
  - 例：①以上、犯罪の原因をテレビの暴力シーンとの関連を考察してきた。その結果、テレビの暴力シーンが犯罪の発生に影響を与えていることが明らかになった。
    - ②以上、本稿では日本の少子化と婦人の労働問題について考察してきた。その結果、少子化は婦人の社会進出に有利になっていることが示された。
    - ③本稿では、これまで日本の道徳教育と愛国心の関係について論じてきた。その結果、道徳教育で愛国心を育てることは、期待できないということが明らかになった。

论据与结论一起概括：

- ●本稿で論じたことを（次・以下）のように（まとめて・要約して）おこう
  - （論拠の要約）　すなわち・したがって・このように（結論の要約）
  - 例：①本稿で論じたことを、以下のようにまとめておこう。子供はテレビの暴力場面を見て、憧れ興奮する。すなわち、テレビは子供の犯罪発生に影響を与えているのである。
    - ②本稿で論じたことを、次のように要約しておこう。愛国心に関する道徳教育の実施前実施後にアンケート調査を行った結果、顕著な変化は見られなかった。したがって、道徳教育で愛国心を育てることは期待できないということが明らかになった。

> ● 以上（述べた・明らかになった）ことを（まとめる・要約する）と次のようになる
> ●（論拠の要約）　すなわち・したがって・このように　　（結論の要約）
> 　本稿で明らかになったのは次の点である　　　　　　　　（論拠の要約）
> 　本稿で論じたことを次のように要約しておこう
> 　ここから　（結論の要約）　ことが分かった・明らかになった・示された
> 例：①アンケート調査の結果、道徳教育前と教育後では何らの変化も見られなかった。したがって、道徳教育は愛国心の育成に効果がないということが明らかになった。
> 　　②本稿で論じたことを、次のように要約しておこう。
> 　　　・日本の農業は歴史的・地理的な必然性があり、自然風土の影響もある。
> 　　　・日本の農業は独特の農法を持っている。
> 　　　・日本の農業は人的構成において大きな変化をしている。
> 　　このことから、日本の食糧自給は不可能であるということが示唆された。

成果评价（自我评价）

在这一部分作者一般对论文所取得的成果进行正面和负面的评价：正面评价可列举论文的新颖、有价值之处；负面评价并不代表是对论文的否定，将不足之处列举出来表明作者对论文所存在的问题有一个清醒的认识，并尽量列出未来可能解决的方法。

除以上内容外，写论文时会有一些与主题相关却难以阐述而又不能不谈的问题，如果作者认为不触及这些问题是论文的瑕疵，不妨作如下说明。例如：

① この問題を深く追求すれば、焦点がずれてしまう恐れがある。
② プライバシーにかかわる恐れがある。
③ 政治的に微妙で複雑なので、関わりたくない。

三、论文的语言特征

本书在开头第二章简单介绍了日语写作的书面语中书面语文章体和书面语口语体的不同。在此进一步补充一些实例，强调论文语言的基本特征。

如前所述，由于学术论文强调语言表述的客观性，因此，一般不使用です・ます体，更不使用「申し上げる・おっしゃる」「お言葉・ご意見」等敬语形式。另外，论文与口语特征大致相反，不使用倒装、省略等语言表达方式。下表归纳的是口语特征，注意以下语言形式在论文中是不能出现的。

表2　日语口语的特征

口　语	例　文
各语句都比较简短 省略较多	
① 省略格助词"が/を"、表示方向的"へ/に"	私（が）、陳です。 もうご飯（を）食べましたか？ 映画（を）見てからデパート（へ）行ったら先生にバッタリ会っちゃった。
② 谓语的省略	私は、チャーハン（がいいです）。
③ 多用倒装	もう遅いから帰りましょう→帰りましょう、もう遅いから。 切符を買っておいた→買っといたよ、切符。
④ 词语的重复使用	ヤダ、ヤダ、ほんとにやんなっちゃう。 行く、行く、私も行くから待ってて。
⑤ 句子中止时不用动词「ます」形，而用「て」形	見て、聞いて、… 学校へ行き、図書館で読書して、…
⑥ 多用补充	セーター高かったのよ。6000円よ。 明日の野球の試合は中止だって。もし雨が降ったらね。
⑦ 对方理解自己的话后就中断说话	A：あの映画、何度見ても感動しちゃうわ。 B：それって、タイタニック……。
⑧ 依赖语言前后逻辑性 ※认为对方已经明白的部分可省略	【例1】今晩（私は）映画へ行くけど（あなたは）行かない？ 　　　　今晩映画へ行くけどあなたは（行かない）？ 【例2】たぬきそば→たぬき/ツインルーム→ツイン
⑨ 多用"それ/あれ"	教師を目指す人は、それまでに色々勉強しておいたほうがいい 　　　　　　　　教師になるまでに
⑩ 经常使用敬语、流行语、爱称等	先生はもうお帰りになりましたか？ 腹が立つ→頭に来る（俗語） 彼→彼氏（若者言葉） 警察官→おまわりさん（愛称）
⑪ 很少使用汉语词汇	修繕/修理→なおす　　破壊→壊す　　見聞→見聞き
⑫ 为使交流更顺利，常使用终助词和间投助词	嬉しいわ/彼女は湖南の出身だったよね/大きい家だなあ それで さぁ、彼女ったら ね、どうしても行かないって言うの。 その情報、確かだってば。だって、ほら ニュースでも言ってたじゃない。
⑬ 多用"あいづち"（附和对方的话）	うん/はぁ/ふーん、それで？ はい/ええ/そうですね/そうですか

下面介绍一些论文中常用的语句形式与一般语句形式之间的区别。

名詞文

普段使われる文の形	論文で使われる文の形
① 結果を示したのが図表3です。	結果を示したのが図表3である。
② 急速に拡大した時期でした。	急速に拡大した時期であった。
③ 税金の引き上げ率は2.7%。(名詞止めの文)	税金の引き上げ率は2.7%である。
④ 税率を引き上げる模様。(名詞止めの文)	税率を引き上げる模様である。

形容詞文

普段使われる文の形	論文で使われる文の形
〜と言い換えたほうがいいです。	〜言い換えたほうがよい。
むしろ共通性のほうが重要です。	むしろ共通性のほうが重要である。

動詞文

普段使われる文の形	論文で使われる文の形
次のことが分かります。	次のことが分かる。
対称空間の場合を述べましょう。	対称空間の場合を述べよう。
米国で修士号を取得。	米国で修士号を取得した。
説明しておきたい、この事件について。	この事件について説明しておきたい。

助動詞文

普段使われる文の形	論文で使われる文の形
必ず合うわけではありません。	必ず合うわけではない。
これは〜からでしょう。	これは〜からであろう/だろう。
〜することができるでしょう。	〜することができるだろう。
検討を待たなければいけません。	検討を待たなければいけない。

意思・願望を表す文

普段使われる文の形	論文で使われる文の形
① 〜について述べたいです。	〜について述べたい。
② 〜について考えてみようと思います。	〜について考えてみようと思う。
③ 詳しくは第4章を見てほしいです/見てください。	詳しくは第4章を見てもらいたい。

受身文・自発文

普段使われる文の形	論文で使われる文の形
① この問題をよく新聞が取り上げている。	この問題がよく新聞で取り上げられている。
② （皆は）〜とよく言っている。	〜とよく言われている。
③ （多くの人が）〜について研究している。	〜が数多くの人に研究されている。
④ （私は）〜が理由だと思います。	（筆者には）〜が理由だと思われる。
⑤ （私は）〜と考えます。	（筆者には）〜と考えられる。

文の接続

普段使われる文の形	論文で使われる文の形
① まず〜について簡単に述べて、次に〜を検討して、最後に〜について考えてみたいと思う。	まず〜について簡単に述べ、次に〜を検討し、最後に〜について考えてみたいと思う。
② 出産率は現在ほど高くなくて、人口は20万人に押さえられていて、安定した社会であったと言える。	出産率は現在ほど高くなく、人口は20万人に押さえられており、安定した社会であったと言える。
③ 聞き取り調査をしたり、アンケートをとったりした。	聞き取り調査をするし、アンケートをとった。

文の接続

普段使われる文の形	論文で使われる文の形
a 金子先生は〜とおっしゃっている。	金子氏は〜と述べている。
b 私は〜で調査させていただいた。	私は〜で調査した。

※虽然论文中不使用敬语，但在谢词等特殊部分也需要用到敬语或「です・ます」体。

【例】本稿をまとめるにあたり、鈴木先生から貴重なご指導をいただいた。

この論文に対して有益なコメントを下さった山田博氏に感謝いたします。

应用篇

第十五章　祝贺信

一、写作要点：

　　这一类信函最重要的特点是做到适时不逾期，如逢人结婚、生育、入学等，并且向对方表达自己的喜悦心情时要坦率真诚，避免千篇一律的华丽辞藻。

　　祝贺信切勿使用浅蓝色的信纸和信封，因为日本人认为这种颜色不吉利。祝贺信一般不需要写前文，在开头语之后直接写表示祝贺的话语，但在郑重的场合有时也写前文。在寄贺信的同时，往往一同寄送礼物，寄送的礼物应在信中提及。

二、例文

例文1　　　　　　祝贺生子

　　御安産おめでとうございます。初めてのお産なので、いかがかと案じておりましたが、御母子とお元気と承り安心いたしました。
　　初めてのお子様で、しかも男の子様とのこと、ご主人様もご両親様もさぞお喜びのことでしょう。きっとりっぱな跡継ぎとしてお育ちになられることでしょう。心からお祝い申し上げます。
　　近々お祝いに参上したいと存じておりますが、お母様になられたあなたや赤ちゃんにお目にかかるのが、今から楽しみです。どうぞ養生第一なさって、お肥立ちの速やかでありますように祈っております。
　　まずはお祝い申し上げます。

　　例文1是庆贺生子的书信，写祝贺生子信时要对平安生育表示自己的喜悦心情「御安産おめでとうございます」、并祝福产妇的身体迅速康复「どうぞ養生第一なさって、お肥立ちの速やかでありますように祈っております」，其次不仅要祝福喜得贵子的夫妇，还要提到夫妇的父母及其亲戚「しかも男の子様とのこと、ご主人様もご両親様もさぞお喜びのことでしょう」。

例文2　祝賀升学

神田君、M大合格おめでとう。苦節二年、一念天に通ずというが、君がM大法学部に合格したのは、まさにこのことがどうりだと思います。A大に受かったのを振って、ひとすらM大を目指して努力した君の意志の強さと努力に敬意を表します。

二年間の浪人生活は、どんなにか苦しかったろうと思いますが、その苦労は君が人生に大輪の花を咲かせるときの豊かな土壌になってくれるに違いありません。ぼくは、浪人しないで、K大に入学してしまったが、二浪しても初志を貫徹した君を思うと、安易な道を選んでしまったのではないかと反省もしています。

しかし、ぼくたちは後ろを振り返ってばかりいてはいけない。また、明日に向かって頑張ろう。

今日は、M大に合格したわが友を祝って、心から喜びのことばを送ります。ほんとにおねでとう。

例文2是祝贺升学的书信。写祝贺升学的信时，首先要考虑收信人是谁，小学・中学入学的祝贺信一般收信人是父母，高中・大学的入学祝贺信一般写给对方，也有写给对方父母的。本文是写给「神田君」本人的。其次要褒奖对方的努力「ひとすらM大を目指して努力した君の意志の強さと努力に敬意を表します」并期待将来继续努力。再次要称赞对方父母的苦劳。

例文3　祝賀升迁

拝啓

浅春のみぎり、ますますご健勝の事、お喜び申し上げます。

さて、このたびは貴社横浜支店長にご栄転の由承りました。心よりお祝いを申し上げます。

長野支店にご在勤中は、ひとかたならぬご高配にあずかりましたこと、改めて厚く今感謝申し上げます。坂井様の簡明適切なご助言やご指導は、常に当社にとってこころ強い支えとなりました。

今後はさらに重責を担われることとなりましょうけれど、新任地におかれましても、どうぞご自愛の上、いよいよご活躍されますようお祈りいたしております。

まずは略儀ながら書中をもちまして私のお祝いとさせていただきます。

敬具

例文3是写给友人的贺其升迁的书信。在信中首先要对对方的工作能力和业绩表示肯定，然后预祝对方在新的岗位上取得更好的发展。

例文4　　　　　　　　祝賀結婚（来自友人）

○○○さん
　この度は、ご結婚おめでとうございます。
　披露宴での沙紀さん、とても幸せそうな顔をしていて
　見ているこちらもうれしい気持ちでいっぱいになりました。
　お式の写真を同封します。
　これからも、末永くお幸せに…

　　　　　　　　　　　　　　　　　　　　　　　　　　○○○

例文5　　　　　　　　祝賀結婚（来自同事）

○○○さん
　ご結婚おめでとうございます。
　せっかく招待していただきながら、出席できず申し訳ありませんでした。
　私自身もとても残念に思っています。
　伊藤部長に式のお写真を見せていただきましたが、
　とても優しそうな、素敵な奥様ですね。
　お二人の前途を心よりお祝いいたします。
　心ばかりのお祝いの印に、フォトフレームをお送りしました。
　使っていただけたら幸いです。

例文6　　　　　　　　祝賀結婚（来自长辈）

○○○さん、ご結婚おめでとうございます。
小さかったみどりさんがもうご結婚される歳になられたなんて、
驚き半分、とても嬉しく思います。ほんとうにおめでとう。
ささやかですが、お祝いの品をお送りしますので、ご笑納ください。

　　例文4、5、6均为恭贺新婚大喜的书信，但是由于寄信人与收信人的关系不同，因此信件的写法也略有不同。如例文4的寄信人是收信人的友人，因此口气就比较亲切随意，而如果是与收信人是同事关系（如例文5），措辞就要稍加斟酌。而例文6的寄信人是收信人的长辈，因此带有关爱和期待的语气。

（一）祝贺结婚常用语句
〇この度は、ご結婚おめでとうございます。
〇末永くお幸せに…

（二）祝贺升学常用语句
〇難関突破　〇実力　〇大志　〇栄冠　〇資志　〇秀才　〇名門校
〇努力のたまもの(这是努力后的收获)
〇期待にたがわず（不负众望）

练习题

1. 请写一封致客户店主的女儿结婚的贺信。

2. 请写一封祝贺客户公司总经理太太分娩的信。

第十六章　邀请函

一、写作要点

这类书信是指邀请出席婚宴，同窗会，送别会，新年会等喜庆集会的书信。
一般包括以下几方面内容：
- 招待或邀请的目的或宗旨
- 日期和地点
- 有时涉及是否备有膳食以及膳食的形式
- 是否需要交纳会费及其金额
- 写明参加者名单以及是否需要穿正式服装
- 若想委托讲话，需要写明这一要求
- 写明特别需要携带的物品

二、例文

例文1　　邀请参加庆祝升学的晚会

拝啓
　このたび長男の大学受験に際しましては、励ましのおことばや、行き届いた御注意を賜り、まことにありがとうございました。
　おかげさまで、きたる四月十日に入学式を迎えることができました。これもみな谷川様の御尽力のたまものと家内一同感謝申し上げております。
　つきましては、四月五日の夕方より、拙宅にて小宴を催し、お礼の気持ちの万分の一でも表したいと存じております。御多用中恐縮ではございますが、幸い土曜日でもありますので、ぜひともお越しくださいますようお願い申し上げます。そして、息子に今後の勉学の指針をお与えいただければありがたいことと存じております。
　まずはご案内まで

例文1是邀请别人参加自己孩子庆祝升学的晚会，在谦虚的语气中表明了招待或邀

请的目的或宗旨「このたび長男の大学受験に際しましては、励ましのおことばや、行き届いた御注意を賜り、まことにありがとうございました。おかげさまで、きたる四月十日に入学式を迎えることができました」、写明了日期和地点「四月五日の夕方より、拙宅にて小宴」等。

例文2　同学会邀请函

さわやかな若葉の季節になりました。皆様にはお元気でご活躍のことと思います。
高校を卒業して五年、ほとんどの人が社会人となり、女性の中には二、三人結婚したといううわさも聞いています。そんなうわさを聞くにつけ、ひさしぶりに顔を見たいという声があがり、前会の決定により島田と千葉が幹事を引き受け、次のような計画を立てました。お忙しいかもしれませんが、ぜひとも御出席くださり、新井先生も御出席くださる予定です。

1　時間　五月二十五日　（土）午後五時～七時
2　場所　○○飯店（○○駅ビル三階）
3　会費　五〇〇〇円
なお、準備の都合上、十五日までにお返事ください。

五月十日○○高校○○年卒一組クラス会幹事
島田○○
千葉○○

例文2是同学会的邀请函，开头写明了邀请的目的「高校を卒業して五年、ほとんどの人が社会人となり、女性の中には二、三人結婚したといううわさも聞いています。そんなうわさを聞くにつけ、ひさしぶりに顔を見たいという声があがり、前会の決定により島田と千葉が幹事を引き受け、次のような計画を立てました」、写明了日期和地点「五月二十五日　（土）午後五時～七時」「○○飯店（○○駅ビル三階」、需要交纳的会费及其金額「五〇〇〇円」，并在结尾处限定了是否参加聚会的回执时间「準備の都合上、十五日までにお返事ください」。

例文3　乔迁聚会邀请函

風薫るさわやかな季節となりましたが、いかがお過ごしでしょうか。
　さて、建築中でした私どもの住まいもようやく完成いたしまして、このほど転居いたしました。都心からは遠くなりましたが、海沿いということもあり、窓から見える景色の良さは格別です。
　つきましては、5月24日の日曜日に拙宅にて、ささやかながら新築祝いを催したいと存じます。格別の用意もございませんが、何卒ご都合お繰り合わせの上、おいでいただけますようお願い申し上げます。略図を添えましたが、わかりにくいようでしたらお迎えに参りますので、駅からでもお電話ください。

上文在信中邀请对方参加自己的乔迁聚会，在这种书信中要尽量详细的说明新居的地点，以便对方容易寻找。

例文4　　　　　　　　　　发表会邀请信

> 拝啓
> 　お元気ですか。
> 　昨年より、友人とフラダンス教室に通っているのですが
> 　このたび教室主催の発表会が開催されることとなり、
> 　私も出演することになりました。
> 　日時は6月14日（日）、午後3時から5時まで。会場はみどりホールです。
> 　今回は、私のような初心者だけでなく、
> 　全国で公演を行っているベテランの方も多数登場します。
> 　ハワイ好きの青山さんには、きっと楽しんでいただけると思います。
> 　時間の都合が付くようでしたら、ぜひお越しください。
> 　それでは、ご案内まで。

发表会、研究会邀请信最重要的是说明邀请事由、会议举办的时间、地点和与会主要人员，以便受邀者提前安排自己的行程。

练习题

1．请写一封给朋友的妻子生子的祝贺信。

2．在你顺利考入大学后，你的朋友野口给你发来了贺信，请写一篇答谢信作为回复。

3．请写一封庆祝开业的宴会邀请函。

第十七章　感谢信

一、写作要点

感谢信是为感谢对方的支持或帮助以及对自己的恩惠等所写的信函，有时它在感谢的同时，还充满表扬的内容。

感谢信需要书写及时，越早发送越会向对方及时传递自己的感谢之情。写这类信千万不能拖延，否则有时会引起对方的不满或误解。此外，写感谢信时，需要依据具体的事实，做到有感而发，避免空谈或流于表面。

二、例文

例文1　祝贺生育的答谢信

出産祝いのお手紙ありがたくいただきました。御心配をおかけしましたが、男子で、三日の朝九時十分の出産でした。初産は重いと言われて案じていましたが、安産でほっとしました。赤ん坊の顔を見て、いよいよ父親かと、感慨無量です。

体重は三・二キロ、泣き声も大きく、元気そうです。妻のほうも順調ですから、ご安心ください。名前は目下思案中です。

まずは、取り急ぎお礼かたがたお返事まで。

例文2　祝福生日的感谢信

誕生日のお祝いのお手紙ありがとうございました。とてもすてきなプレゼントも今日届けていただきました。いつも忘れずに祝ってくださるご好意がとてもうれしくてなりません。高校時代からの友情が、一生を通じて続きますように祈らずにいられません。

十日の誕生日には、家で家族パーティーを開きます。○○薬品に勤めている従兄も呼んでありますから、あなたも夕方五時ごろにいらっしゃいませんか。従兄は研究室にいるのですが、歌が上手なんです。御紹介したいと思っています。

例文3　　　　　　　　　　　　感谢送行

御地に滞在中はいろいろとご厄介になり、そのうえ結構なお土産までたくさんいただきまして、まことにありがとうございました。

昨夜はまた雨の中をわざわざ駅までお見送りくださいまして、重ね重ねのご親切に厚くお礼申し上げます。おかげさまで途中事故もなく、一同予定どおり朝9時に上野へ到着いたしました。

静かで涼しくさわやかな御地から東京に戻ってまいりますと、暑さはともかく、その騒々しさに気持ちが苛立ち、落ち着きません。御地での夏休みが、もうはるかに夢のように思われます。明日からふたたびこの騒音と汚れた空気の中であくせん働くのかと思うと気のめい思いです。

どうぞ皆様にはご自愛くださいまして、いつまでもご壮健でお暮らしのほどお願いいたします。

とりあえず安着のお知らせとお礼までに。

例文4　　　　　　　　　　　　感谢信

感謝状

　　　　　　　　　　　　　　　　　　　　　　　　　　〇〇〇〇

あなたは昭和〇〇年度の芸術祭に協力し、わが国文化の進展に多大の貢献をされました。よって感謝の意を表します。
　　年　月　日
　　　　　　　　　　　　　　　　　　　　　　　　文部大臣〇〇〇〇印

例文5　　　　　　　　　　　　感谢寄赠礼物

拝啓
　虫の音に秋の訪れを感じる今日この頃です。
　皆様におかれましてはいかがお過ごしでしょうか。
　この度はけっこうなお土産の品をお送り頂きまして
　まことにありがとうございます。
　頂戴した神戸のチーズケーキ、
　雑誌にも掲載されるほどの有名なものだそうですね。
　初めての味に驚きながらも、大変美味しく頂きました。
　特に娘は、チーズケーキが大好物なものですから
　大変喜んでおります。
　旅行中のお話をぜひお伺いしたいと思っておりますので
　近いうちにお伺いしてもよろしいでしょうか。
　ご都合の良い日時をお知らせ頂ければ幸いです。
　取り急ぎ御礼まで。

　　　　　　　　　　　　　　　　　　　　　　　　　　　　　　敬具

例文6　感谢新婚祝福

拝啓
　雨に紫陽花の花が鮮やかに映る季節となりました。
　おかげ様で、私達2人は、昨日無事に新婚旅行から帰ってまいりました。
　私たちの結婚に際しましては、お心のこもったお祝いの品を賜りまして、
ほんとうにありがとうございました。
　早速、食卓で愛用させていただいております。
　本日、ささやかではございますが、内祝の品を別便にてお送りいたしました。
　今後とも、どうぞ未熟な私たちをご指導ご鞭撻くださいますよう
よろしくお願い申し上げます。
　新居もようやく片付きましたので、お近くにお越しの節にはどうぞお立ち寄りください。
　末筆ではございますが、皆様の一層のご健勝のほどを心からお祈り申し上げます。
　　　　　　　　　　　　　　　　　　　　　　　　　　　　　　　　　敬具

例文7　感谢乔迁祝福

拝啓
　落ち葉の舞う季節となりましたね。
　先日は、新居完成のお祝いに素敵な品を頂戴し、ありがとうございました。
　まだ飾る物がなく寂しい印象だった玄関が、パッと華やかになりました。
　おかげさまで、新しい住まいや環境にも慣れ、家族それぞれの生活リズムも整いつつあります。
　お近くにお越しの際は、ぜひ一度、足をお運びください。
　まずはお礼まで。感謝いたします。
　　　　　　　　　　　　　　　　　　　　　　　　　　　　　　　　　敬具

例文8　感谢曾经照顾自己的同事或领导

拝啓
　早春の候　いかがお過ごしでいらっしゃいますでしょうか　お伺い申しあげます。
　さて、今回私の就職に際して、昨年末すっかりお世話になりました。お陰様で、念願の緑物産に就職が決まり、一切の入社手続きがすみ、あとは四月一日の入社式を待つばかりです。
　入社後は、先日お目にかかりましたおりに伺いましたご教訓を守り早く仕事になれるよう頑張りたいと思っております。
　今後ともよろしくご指導くださいますようお願い申し上げます。
　まずは、お礼まで失礼します。
　　　　　　　　　　　　　　　　　　　　　　　　　　　　　　　　　敬具

第十八章　慰问信

一、写作要点

　　慰问信是指对患病、受灾或者遭到各种不幸的亲朋好友表示慰问的信。在对方遭受不幸时，如因种种原因不能亲自前往慰问时，便可以慰问信代替。

　　慰问信与其他的问候类书信不同，一般都省去开头的客套话而直奔主题。需要注意的是用词温婉、着笔要照顾对方的情绪，作到既能充分表达自己的同情和关切，又能安抚遭遇不幸者的心情。

二、例文

例文 1

冠省
　　承れば、御地に来襲の大震災、被災殊の外多大とのこと、驚きのほかはございません。テレビにて拝見しますと、強震による家屋の倒壊なども相当これあり、ご一同様はご安否いかがかと案じております。なお、震災の後には必ず悪疫流行とのこと、くれぐれもご自愛のうえ、ご再建にご奮起の程、お祈り申し上げます。
　　まずは、取り急ぎお見舞いまで
　　　　　　　　　　　　　　　　　　　　　　　　　　　　　　　　　　　　草々

例文 2

　　前略ごめんくださいませ。
　　承りますれば、田中様には先月より〇〇病院にご入院のこと。
　　存知あげませんので、お見舞いにもうかがいませんでした。どうかご容赦くださいますようお願いいたします。
　　その後のご経過はいかがでございますか。平素からはお仕事などにご熱心でいらっ

しゃったのでお疲れが出たのでしょうか。ご案じ申し上げます。

　入院の機会に、十分なご静養をなさってください。ゆっくりお休みになれば、まもなくご全快なさると信じております。

　近日中には病院にお伺いしたく存じますが、まずは書中にてお見舞い申し上げます。

草々

例文3

　急啓　このたび、ご主人様には突然のご発病にてご入院、奥様のご看病も大変とのこと、誠に驚いております。ご病状はいかがでしょうか、お伺い申し上げます。平素はお元気のように承っておりましたので、ご快復もお早いと存じますが。奥様もさぞお疲れのことと拝察いたしますが、何とぞご自愛のうえご看病の程、宜しくお伝えくださるよう、お願い申し上げます。

　まずは、取り急ぎお見舞いまで。

草々

例文4

　承れば、ご尊父様ご療養の功もなくご他界とのご書状に接し、驚き入っております。それほどのご年配でもなく、平素も殊の外お元気にお見受けいたしましたので、ご本人もさぞお心残りのことと拝察いたします。あれこれお世話になりましたこと先日のように思い出され、悲しみこの上もございません。それにつけても、ご家族ご一同様のご愁傷、さぞかしと深くお察しいたします。ついては、早速お伺いいたしたい本意ではございますが、何とも意に任せず、ひたすら悲しみに暮れております。同封いたしましたもの、何とぞご霊前にお供えくださるようお願い申し上げます。

第十九章　通知

一、写作要点

日常生活中用来通知亲戚朋友、同事某些必要事项的信叫做通知信。常见的通知信有乔迁、调动、升学、就业、结婚、死亡通知信等。写日文通知信要做到：
（1）简洁、重点突出。
（2）变更之后的信息要写得准确、详细。
（3）常在告知事实之后写几句表示感谢或请求关照的话。

二、例文

例文1　　　　　　　　　结婚通知信

　　謹啓　青空に秋のさわやかな風が立つ今日このごろとなりました。皆様にはいかがおすごしでしょうか、お伺い申し上げます。
　　さて、私ども、この十月一日、国慶節に当って結婚いたしましたので、ここにご報告申し上げます。何分にも未熟な私どもでございますが、これまで以上によろしくご指導のほどたまわりたく、お願い申し上げます。
　　なお、新居はささやかながら後記のところに設けましたので、機会がございましたらぜひお立ち寄りください。
　　とりあえずごあいさつまで。
　　朝夕冷え込む折からよろしくご自愛ください。

　　　　　　　　　　　　　　　　　　　　　　　　　　　　　　　　　　　敬具

2008年秋

　　　　　　　　　　　　　　　　　　　　　杭州市環城北路　号　室
　　　　　　　　　　　　　　　　　　　　　　　　王　明
　　　　　　　　　　　　　　　　　　　　　　　　李　文

例文2　　　　　　　　毕业通知信

拝啓
　七月も中旬に入り、暑い毎日が続いておりますが、秋本先生にはその後ますますご健勝のことと、心からお喜び申し上げます。
　さて、小生この七月はじめに北京大学を卒業し、仕事先は外事弁公室ときまりましたので、ご報告申し上げます。
　在学中、先生のご講義を受けさせていただいたのはわずか一年間でしたが、この間、人一倍先生を悩ませ、お手数をかけさせてしまいました。心から申し訳なく思いながらも、先生の教えが今、小生の血となり、肉となっていることを痛感し、ここで改めて厚くお礼申し上げます。
　仕事は八月からということになっておりますので、外事弁公室のどの部門で、どのような仕事をするのか、また具体的にはわかりませんが、いずれにせよ日本語を使う仕事には間違いないことと思っています。それまでの一月半ほどは卒業休みというのでしょうか、勉強の負担もなく、これまでにない快適な休みを送れるものと思っています。仕事についてからは多分忙しい毎日になることと思いますので、友達と思い切って旅行に出かけることにしました。明日、北京を出発し、約一ヶ月という僕らにとっては大旅行の計画で、北京から先ず汽車で泰山へ、そこから南京、その近辺上海、杭州、蘇州へ回り、さらに福州からアモイまで足をのばす予定です。二度と訪れることのない青春の日の思い出を残そうという考えからですが、よい旅行になればと思っています。
　なお仕事についてからはいろいろ難問にぶつかることと覚悟していますが、先生には今後ともご指導のほど賜りたく、よろしくお願いし申し上げます。
　暑さ厳しい折から、よろしくご自愛くださいますよう。
　まずは卒業と就職のご報告まで。

　　　　　　　　　　　　　　　　　　　　　　　　　　　　　　　　　　　　　敬具

例文3　　　　　　　　乔迁通知信

拝啓
　春の香りたちこめる季節、お変わりなくお過ごしのことと思います。
　さて、私ども来る四月二十日、転居いたすこととなりいろいろ皆様に連絡をさせていただいているところです。
　場所は、現在の住まいより車で三十分離れた所ですが是非一度遊びにいらしてくださいね。
　まずは連絡まで。

　　　　　　　　　　　　　　　　　　　　　　　　　　　　　　　　　　　　　敬具

例文4　　　　　　　　　　離职通知信

拝啓
　日差しが春の訪れを告げる頃となりました。いかがお過ごしでしょうか。
　このたび、二十五年間在職いたしました株式会社グリーン商事を、本年度末をもって定年退職することになりました。在職中は、公私共にひとかたならぬお世話になり、厚く感謝する次第でございます。今後は、長年の趣味である絵画に時間を費やしたいと考えております。
　末筆ながら、皆様のご健康とご多幸をお祈りいたします。
　まずは書中をもちまして、御礼のご挨拶とさせていただきます。

　　　　　　　　　　　　　　　　　　　　　　　　　　　　　　　　敬具

例文5　　　　　　　　　　工作调动通知信

拝啓
　早春の候、皆様にはますますご清祥のこととお慶び申し上げます。
　さて、このたび私は三月三十一日をもちまして株式会社みどり開発を円満退社いたし、四月一日から株式会社グリーンコンサルティングに勤務することになりました。株式会社みどり開発在勤中、楽しく七年間を過ごすことが出来ましたことは皆様のおかげと心から感謝しております。
　これまでとは違う業界となり、一からのスタートとなりますが、従来にも増して一生懸命努力していく覚悟でございますので、今後ともなにとぞご指導・ご鞭撻を賜りますようお願い申し上げます。
　皆様の一層のご活躍を心からお祈りし、書中をもってご挨拶申し上げます。

　　　　　　　　　　　　　　　　　　　　　　　　　　　　　　　　敬具

第二十章　诉讼状

一、写作要点

诉讼状是在发生纠纷时，相互协商，法院调停也都不能解决问题的情况下，提出的诉讼文件。

诉讼状需要用严格的法律文书和用语书写，最后要贴上印花税票，并由法院盖章。诉讼状中写明的事项法律上都有规定，但并无单一的固定的格式。

二、例文

例文1

```
収入
印紙                        訴状
                 都道府県郡市区町村大字字番
                 原告　〇〇
                 都道府県郡市区町村大字字番
                 〇〇弁護士事務所所属弁護士
                 訴訟代理人　〇〇〇〇
                 都道府県郡市区町村大字字番
                 被告　〇〇

                     子の認知の訴
    訴訟物の価額　　金〇〇円
    貼用印紙額　　　金〇〇円
```

請求の趣旨
一、被告は、原告が被告の子であることを認知する。
二、訴訟費用は被告の負担とする。
　　　との判決を求めます。
　　請求の原因
一、被告は当地○○会社の営業部員として、主として関東地方を担当、巡回しているものである。
二、被告は昭和○年○月から昭和○年まで都道府県郡市区町村大字字番を中心に前記仕事に従事していた折、都道府県郡市区町村大字字番○○の娘である○○（原告の生母）とねんごろとなり、肉体関係を結び、同女は被告の子を懐妊、昭和○年○月○日原告を出産した。
三、原告の生母○○の言によると、当時、被告は自分に妻のあることを隠し、○○と結婚するとの約束のもとに前記関係を結んだものであり、原告の出産届けを提出にあたって被告に妻のあることを知った次第である。同女はせめてもと、原告の認知を求めたが、妻への発覚を恐れた被告はこれに応じなかったのである。
四、その後、原告の母○○は昭和○年○月○日交通事故により死亡した。その際の遺志もあり、原告は被告の実子であるので、民法の定めるところにより正しい親子関係認知請求のため本訴に及んだ次第である。

　　付属書類
一、戸籍謄本　　　○通
二、委任状　　　　○通
　証拠方法
一、戸籍謄本（原告および被告）により、それぞれの戸籍関係を立証する。
二、其の他については口頭弁論の際これを立証する。
　　　　平成○年○月○日
　　　　　　　　　　　　原告訴訟代理人　　○○○○　印

○○裁判所　　　御中

例文2

収入
印紙
　　　　　　　　　　　訴状
　　　　　　　　　都道府県郡市区町村大字字番
　　　　　　　　　原告　〇〇
　　　　　　　　　都道府県郡市区町村大字字番
　　　　　　　　　〇〇弁護士事務所所属弁護士
　　　　　　　　　訴訟代理人　〇〇〇〇
　　　　　　　　　都道府県郡市区町村大字字番
　　　　　　　　　被告　〇〇

　　　　　　　　貸金請求の訴
訴訟物の価額　　　金〇〇万円
貼用印紙額　　　　金〇〇万円

　　　　　　　　請求の趣旨
　一、被告は原告に対し、金〇〇万円およびこれに対する平成〇年〇月〇日から完済に至るまで〇割りの割合による金の支払いをせよ。
　二、訴訟費用は被告の負担とする。
との判決および仮執行の宣言を求める。

　　　　　　　　請求の原因
一、原告は被告に対し、次のとおり金員を貸し付けた。
　（一）貸付年月日　　　平成〇年〇月〇日
　（二）貸付金額　　　　金〇〇万円
　（三）弁済期日　　　　平成〇年〇月〇日
　（四）利子の割合　　　年〇分

二、原告は被告に対し、次の金員を支払いを求める。
　（一）元金　　　〇〇万円
　（二）上記金員に対する平成〇年〇月〇日から完済に至るまで、年〇割の割合による利子及び遅延損害金。

証拠方法
一、甲第一号（金〇〇万円借用証書）一通をもって原告被告間の本件金銭貸借の事実を立証する。
　　　付属書類
一、甲第一号証写　　　　一通
二、訴訟代理委任状　　　一通

平成〇年〇月〇日

　　　　　　　　　　　　　　　　　　　　　　　　上記原告訴訟代理人〇〇〇〇印

〇〇裁判所　　　　御中

第二十一章　明信片

一、写作要点

与书信相比，明信片内容简洁明快，寥寥数语，传递真情。如贺年片、寒暑时节的问候，旅行出差途中寄出的明信片等，是日本人的日常生活中不可或缺的一种交流方式。

明信片有相对固定的格式。一般在正面写收件人及寄件人姓名地址，收件人可以为多人，这时要分两行书写，如姓氏相同，第二个人可以只写名字（空出姓氏部分，写在与前一人名字相同高度处）。背面写正文，结构与书信相同，行文简洁。

二、例文

例文1

私人贺年片

謹んで新春の
およろこびを申し上げます
春子さんはいよいよ高校受験ですね。
合格を祈っております。

平成十九年　元旦

三五九―一二三四
埼玉県諸沢市四十三番地
遠藤太郎
電話　四二五（四三）〇〇

例文2

私人贺年片

例文3

严寒问候信

拝啓　厳寒のみぎり、いかがお過ごしでいらっしゃいますか、お伺い申し上げます。今年は大寒に入りましてから大雪も降り、ひとしお寒い日が続いております。悪い感冒でも流行らなければよいと存じております。どうぞ皆様いっそうのご自愛のほど祈りあげます。
まずは寒中お見舞い申し上げます。

例文4

严寒问候信

寒中お見舞い申し上げます

寒さの折いかがお過ごしでしょうか
おかげさまで私ども家族一同元気に過ごしております
新年にはご丁寧に年賀状をありがとうございました
私どもは年末年始を札幌の実家で過ごしましたため
年賀状を頂きながらご挨拶が遅れまして申しわけございませんでした
寒さもこれからが本番ですがお風邪など召されませんよう
ご自愛ください
今年も宜しくお願い申し上げます
平成十九年一月

〒111-1111
東京都台東区歌舞伎町三番五号
キングタワー一〇二号
電話・fax〇三-八六三-一六六一
E-mail: satomi@catbox-greeting.jp

里見　浩太郎
　　　裕子

例文5

商务贺年片

謹賀新年

旧年中はひとかたならぬご愛顧にあずかり、誠にありがとうございました。
本年も一層のサービス向上を目指し、社員一同誠心誠意努める覚悟でございます。
なにとぞ本年も倍旧のご支援のほどお願い申し上げます。

例文6

酷暑慰问信

酷暑の毎日でございますが、いかがお過ごしでいらっしゃいますか。下って、私も元気で勤務しておりますゆえ、他事ながら御休心くださいませ。
七月下旬に大阪支社に出張し、仕事を兼ねて、大阪と神戸のあたりを見て回ってまいりました。四月に就職しましてから、無我夢中の四ヶ月でございましたが、ようやく会社にも慣れてきたところです。
今が暑さの盛りです。お体を大切になさってくださいませ。

第二十二章　申请书

一、写作要点

　　个人简历和入学申请书是为求职、升学等，将自己的经历以书面形式提交给用人单位或他人时使用的应用文形式。日文的个人简历书写一般有固定的格式，按要求自行填写即可。而入学申请书一般没有固定的格式，需将自己的简历、研究计划、学历背景、特长和性格特点等告知校方以求得指导教师的信任和肯定。因此，所填写的内容要简明扼要，真实可信。

二、例文

例文1

个人简历模板

履歴書　　　　　　年　　月　　日（西暦）

ふりがな　　りれき　どうたろう	※男・女
氏名 　　　　履歴　堂太郎	
生年月日（西暦） 　　　　1980年4月2日生（満〇歳）	

ふりがな　　とうきょうと　まるまるく　さんかくさんかく	電話 01-2345-6789
現住所　〒123-4567 東京都〇〇区△△1丁目2番3号 サンプルアパート 405 号室	携帯電話 090-1234-5678
E-mail： 　　rireki@rireki.com	携帯mail： Rireki@rireki.ezweb.jp

日语写作

年（西暦）	月	学歴・職歴（各別にまとめて書く）
		学　　歴
平成8	4	○○区立△△中学校　卒業
平成8	4	私立△△高校　普通科　入学
平成11	4	私立△△高校　普通科　卒業
		後　略
		職　　歴
平成15	4	株式会社○○○○　入社
		業種：パソコン周辺機器の開発販売　従業員数○○人
		営業部　販売促進課に配属
		製品カタログの企画、制作業務を担当平
平成16	4	営業部　商品企画課に配属
		USBデバイスのマーケット調査、企画、管理業務を担当
		後略
		以上
		免　許・資　格
平成13	3	普通自動車第一種運転免許　取得
平成14	1	実用英語技能検定　2級合格
平成15	2	基本情報処理技術者試験　合格
平成16	3	TOEICテスト700点取得
志望の動機、特技、好きな学科、アピールポイントなど		貴社の商品企画業務に携わりたいと考え志望しました。前職では、パソコンの周辺機器の企画開発を中心として、ターゲットの動向調査を行なってきました。また、販売促進の経験から、特にユーザのニーズの発見の為のマーケティングを意識した企画を心がけ、防音フィルターを導入した外付けデバイスの開発では10％アップのシェア拡大を達成しました。この経験を生かして、貴社の企画業務と開発管理に寄与させて頂きたいと思います。
配偶者	配偶者の扶養義務	無
扶養家族（配偶者を除く）子人		

例文2　　　　入学志望書

学長　殿

拝啓
　私は子供のごろからずっとアニメが好きで、子供の時にたくさん有名な日本アニメを見ました。日本の古典な茶道芸术も好きです。だから、大学のとき日本語専門を選びました。未来の理想も専門の翻訳になりたいのです。大学一年半を通じて、もっと努力して日本語を勉強するようにと決心しました。北海道へ留学に行くことはずっと私の理想です。貴校の留学相談会への参加と先生の推薦を通じて、貴校への理解はもっと深くなるようになりました。貴校の長い歴史文化、強い先生陣営とよい外国語の勉強雰囲気ももっと重視するようになりました。貴校での勉強と生活を通じて自分の日本語レベルを改善したいのです。私の親はビジネス人なので、私の日本での留学費用が絶対に保障出来ると思います。私も貴校のルール及び日本の法律を遵守して、まじめに留学生活を完成するようになりたいのです。
　敬具

　　　　　　　　　　　　　　　　　　　　　　　　　　　　　田中敬二郎

第二十三章　介绍信

一、写作要点

　　介绍信是机关团体、企事业单位派人到其他单位联系工作、了解情况或参加各种社会活动时常用的函件。介绍信要写清楚被介绍人的姓名、身份和与自己的关系以及要求协助办理的事项。如果事情重要，需要在信函落款处盖章，以表示郑重。介绍信无固定的格式，介绍人与对方关系极为亲熟时，介绍人在自己名片背面写上相关的内容加以介绍，但一般情况下最好采用书信的形式。

二、例文

例文1　　　　　　　　　写在名片上

有田信勝様
　京北出版社の田中芳光氏を紹介します。日本文学紹介についての資料がほしいとのこと、よろしくお取りはからいくだされば幸いです。

3/6

例文2　　　　　　　　　介绍信

　　前略。先日お伺いしました折、中国の生活習慣兼中国語会話を教える人を探していらっしゃると伺いましたが、もう見つかりましたか。
　　もし、まだでしたら一人とても適当な方で、やってもいいとおっしゃる方が見つかりましたのでご紹介したいと思います。母の同僚で、陳月美という中国文学の先生です。同じ年配の方なのですが、もう子供さんも大きくなり、独立しているので、時間もあるとのこと、年配なだけに北京のいろいろな習慣や風俗、それに歴史の方もくわしく、ご希望にぴったりだと思います。お仕事も熱心で、学生の間でも評判がいいと

前々から聞いています。ただ教える場合には、家の方に来ていただきたいというご希望でした。お住いは民族学院にありますので、あなたのところからもそれほど遠くないし、いかがでしょうか。ご希望でしたら早速、陳先生に連絡いたします。
　ではご返事お待ちしています。
草々

応用篇

第二十三章　介紹信

第二十四章　证明信

一、写作要点

证明信是以机关、团体或者个人的名义凭确凿的证据，证明某人的身份、经历、或证明有关事件真实情况的文件。

在书写证明信时首先应注意用词的规范性，其次要注意文字表述的缜密性，最后，不要忘记签写准确的时间以及证明人签字等重要项目。

二、例文

例文 1

在留資格認定証明書

第（　　）号　国籍
　　　　　　　姓名

出入国管理及び難民認定法（○○年政令第○○号）第○条第○項の規定に基づき、上記の者が下記の在留資格に該当するものであることを証明する。

在留資格　　　　（○○大学）
在留期間　　　　○○年
有効期間　　　　○年○月○日

1．この証明書は、その発行の日から六ヶ月以内に在外日本国領事館に査証を申請しないときは、効力を失うことにする。

2．この証明書は、この証明書に基づいて取得した日本国査証の有効期間中有効とする。

平成○年○月○日　　　法務大臣

　　　　　　　　　　　　　　　　　　　　　○○○印

（注意）
1．この証明書は、日本国に上陸するとき入国審査官に提示しなければならない。
2．日本国在留中、この在留資格意外の活動をしようとする時、必要な許可を受けなければならない。
3．この在留資格による活動を止めるときは、必要な在留資格変更許可を受けなければならない。
4．在留資格○○○を有するものが、本邦留学中の学費其の他の必要経費を補う目的で行うアルバイトのうち、就労期間がほぼ周20時間（ただし、日曜・祝祭日及び当該留学生が所属する学術研究機関又は教育機関の休暇機関は算入しない）を超えない範囲で、日本国の風俗営業等取締法適用業種に係るものでなく、かつ、法令又は公序良俗に反するおそれのない稼動は、資格外活動の許可を要しない。

例文2

修了証明書

印　第○○号

　　　　　　　　　　　　　　　　　　　○○都・道・府・県
　　　　　　　　　　　　　　　　　　　氏名　　○○
　　　　　　　　　　　　　　　　　　　生年月日　○年○月○日

本学に四年間在学し、所定の課程を履修したことを証明する。
○年○月○日

　　　　　　　　　　　　　　　　　　○○大学総長　　○○○○印

例文3

合格証明書

印　第○○号
　　　下記の者は、国際日本語能力試験○級に合格したことを証明する。

　　　氏名　　○○
　　　生年月日　○年○月○日

　　　　　　　　　　　　　　国際日本語能力試験委員長○○○　印

第二十五章　询问信

一、写作要点

询问事情或请求代办事情时，写询问信。在写信之前，要考虑对方是否可能了解情况或能够办到事情的可能。

通常向经办单位或知情人发去信询问。向自己不认识的人询问时，一般要写明自己的地址和电话，并附上回信用的信封和邮资。

二、例文

例文1　　　　　向大学询问关于自己的留学问题

日本科学工業大学御中
拝啓
　貴大学にはますますご清栄のこととおよろこび申し上げます。
　さて、小生、中国科学大学電子工学研究院に在籍する研究生ですが、この二月、当大学及び中国教育部より日本への留学研修二年間を許可されました。つきましては貴大学電子工学部電子計算機研究室へ留学いたしたく思いますが、おうけいれくださいますでしょうか。また、お受け入れくださいますでしょうか。また、お受け入れ下さる場合はどのような規定があり、どのような手続きが必要となりますのでしょうか。以上お伺い申し上げます。
　ご多忙中のこととは思いますが、取り急ぎご返事いただくお願い申し上げます。

　　　　　　　　　　　　　　　　　　　敬具
二〇〇八年八月八日
　　　　　　　　　　　　　　　　　　　　　　　　陳　　曉

例文 2　　　　　　　　**其他询问信**

大森太郎様

拝啓

　新緑の候、先生にはいよいよご健勝のこととおよろこび申し上げます。

　さて、本日は突然ながらおうかがいしたいことがありまして、ぺんをとりました。実は二ヶ月ほど前、楊良君より北海道のほうへ転勤するからとおたよりをいただき、新しい住所も教えていただいたのですが、その新住所を不始末のためなくしてしまいました。ところが先日よりぜひ楊良君に連絡したいことができまして、弱っております。つきましてはこれまで先生の元におられた楊良君のこと、新住所をご存知でしたら、お教えていただけませんでしょうか。もし、先生より楊良君に連絡がつきやすければ、先生からこのことを一言楊良君にお伝えくださっても結構です。用事のみにてまことに申し訳ありませんが、なにとぞよろしくお願い申し上げます。

　取り急ぎお願いまで。

　　　　　　　　　　　　　　　　　　　　　　　　　　　　　　草々

　　　三月一日

　　　　　　　　　　　張　偉

第二十六章　传真

一、写作要点

在日本的公务机关和公司通常使用传真机时用固定格式的稿纸，日语叫做"FAX送信票"，而这种稿纸有固定的书写传真要求。而一般情况下，传真内容按照书信格式来写，使用"拝啓""敬具"等信函用语，具体要求：

（1）按照书信格式写
（2）日期写在右上角
（3）使用信函用语
（4）使用敬称、敬语

二、例文

FAX送信票	
	年　月　日　　送信
宛先　　○○大学国際交流課	
	○○○○様
FAX番号　　（03）-23-8519	
住　所　　東京都日比谷2-4-6	
本文	
拝啓	
○○先生をご推挙いただきありがとうございました。来週月曜日の人事委員会に申し上げますので、○○先生の本籍住所、現住所、電話番号を折り返しご連絡ください。	
また、日本滞在に関し、一年契約を希望されるか、二年契約を希望されるか、さらに、同伴帯同家族の有無、人数についても御回示ください。	
	敬具
発信　者　　大学庶務部国際交流係	○○○○
FAX番号　　（0839）-12-0446	
住　所　　山口県山口市大字吉田1667-1	

例文2

2003年10月10日

〇〇大学
国際交流学院
〇〇先生

日本〇〇大学
国際交流室
岩崎明子

拝啓
　9月20日付、課長の〇〇宛貴ファックスを拝受いたしました。
　お嬢様につきましては、〇〇先生の帯同家族という形で、招聘状は、10月中旬の本学教授会にて正式決定されましたら、すぐにお送りいたしますので、その後旅券申請を行ってください。
　以上、ご連絡が遅くなりまして、申し訳ありません。

敬具

例文3

2003年10月10日

日本人のグルーピズムについての講演ご依頼

拝啓
　時下ますますご清栄のこととお喜び申し上げます。
　さて、このたびは、本学部の大学院生、学部生が日本について理解を深めることを目的として、下記の要領でご講演いただく、よろしくお願い申し上げます。
　　題目：日本人のグルーピズムについて
　　日時：12月14日（土）午後2時〜5時（質疑応答の時間を含む）
　　場所：本学の本館ホール
　　聴衆：大学院生、学部生役150名
　なお、当日午後一時にお迎えの車を参上させます。ご講演のあと本学部の主任が粗餐を差し上げたいと申しておりますので、御差し支えなければ、そのようにご予定願いあげます。
　ご多忙中、誠に恐縮ですが、ご承諾のほどよろしくお願い申し上げます。
　まずは、取り急ぎお願いまで。

敬具

第二十七章　电子邮件

一、写作要点

电子邮件的特点是收发简便，内容简洁明了，及时交流，能够保留收发送文字记录，附送文件等。通常不使用"拝啓""敬具"等信函用语。
(1) 标明主题；
(2) 逐条列写事项；
(3) 尽量多换行；
(4) 避免使用委婉、间接的表达方式。

二、例文

例文1　　　　　　　　　**老师给学生的邮件**

渡辺裕子　様

先日は広大フォームへの原稿を作成していただきありがとうございました。
　広大フォーラム最新号へ題していただいた原稿が掲載されたものとお礼状をお渡ししたいので，ご都合のよいときに本部事務局留学交流グループ（旧留学生課）へ取りに来ていただけませんか。よろしくお願いします。

留学交流グループ　田中
内線　1234
Fax 424-1234
E-mail: abc@bur.hiroshima-u.ac.jp

例文2　　　　　　　長輩给晚輩的邮件

明ちゃん、毎日あついですね。
　ところで、このまえのゆかたまつりで一緒だったなかむらさんが、いもほりに誘ってくださっています。
　場所は、豊栄のおばあちゃんの家です。山のほうなので、自然がいっぱいのところだそうです。
　7月10日13時　私の家を出発の予定です。子供たちも一緒です。
　気分転換にどうですか？
　返事を待っています。

松島あきら

例文3　　　　　　　平輩之間的邮件

　お元気？教育実習はどうだった？僕の方は中国留学に向けて順調に事が運んでいるよ。日本で中国人の友人が沢山出来たおかげで、中国の友人が留学に向けて手伝ってくれて、とても助かっているよ。北京には劉さんがいるし、趙君が北京いる友達を紹介してくれるし、馬君が広大から行っている日本人を紹介してくれたよ。来年からの中国の生活がとても楽しみ！そうそう、来年のスケジュールが大体決まりました。郵便局を一月末で退職し、二月十八日頃に北京に行く予定で、住む寮は教育管理学院だよ。それでは〇〇大学で会いましょう！風邪に注意してね！！88。

桜井武

第二十八章　手机短信

一、写作要点

手机短信是随着现代通讯工具的发展而产生的新的日语文章形式，它具有语风轻快、口语性强、信息密度大、功能多样化、生活气息浓等特点。

手机短信的主要目的是用最少量的文字传递丰富的信息。手机短信主要用于朋友、家人、恋人等比较熟悉的关系，因此，手机短信与其他应用文注重形式、语法不同，在编辑短信时多使用重叠、片假名、符号和语气词来帮助更加准确表达意思、突出情感。

二、例文

例文1

今日も泣きましたか。明日も耐えて耐えて耐えて耐え抜いて頑張りましょう。追伸、仕事中笑顔を忘れずに。　父より

例文2

ちはるからのメールがやっと見られた。返事に何日もかかっている。お父さんは四月から毎日が日曜日だ。孫が生まれたら毎日子守りしてやる。

例文3

とうとう携帯電話を買った。三日がかりでメールも覚えた。初めて送信する。別に取り急ぎの用事ではない。お前のメールアドレスしか知らないから、仕方なく送信した。元気か？母さんは最近、3キロのダイエットに成功したらしい。見た目にはワカラナイ。元気か？犬のスマイルが、間もなく10歳の誕生日を迎える。元気か？お前は元気か？電話が面倒なら、「元気」と一言、メールを送ってくれ。お前の父より。

例文 4

> 父ちゃんごめん。ほんとはいっぱいしゃべりたいし、二人で前みたいに買い物にも行きたいよ。家にいても毎日避けて会話も全然なくて冷たい態度とってるけど、すれ違う時、「父ちゃんごめん」って思ってる。つらくあたってごめんね。父ちゃんのこと嫌いなんかじゃないからね。

以上例文是家庭成员之间互相鼓励、互表歉意、互寄思念之情的手机短信，文中运用大量的语气词、重叠词来突出情感。

例文 5

> 今日が結婚記念日。忘れているわけじゃないでしょうね。しかも銀婚式よ。朝からリキ入れて料理を作っている。何時に帰ってくるのよ！凸プロポーズの時、あなた言ったわね。「銀婚式には、海外旅行。金婚式には、世界旅行に連れて行く」って。それを思い出して、帰って来れないの？まさかね。早く帰っておいで、二人で「80日間世界一周」のビデオを見ようよ。

例文 6

> あなたを思う気持ちは、ずーっと成長し続けてるよ。ただいくら、愛しあってるとはいえ、いつまでもドキドキしていたら、二人の心臓に悪いから神様がドキドキを安らぎに少しずつ変えていてくれるんだよ。昨日より今日、そして明日はもと愛してる

例文 7

> 俺は今日すぐに気がついたよ。偶然だったね。アイツ大きくなったでしょう。偶然といえば今日着てたブーマのシャツ、あれは貰ったやつだ。今日たまたま出かける時にアイツが『これ着てく』って言ったんだ。偶然でしよう。ちゃんと見た？またどこかで会っても目で挨拶しましょう。時間が立てばまた笑って会える日がくるから、アイツの事は任せなさい。明るく元気に育てます。お互いメールを守って幸せになりましょう。ではまた。身体に気をつけて。

例文 8

> 無口なあなたのメールはいつも「○○分バスで帰る」だけ。メールまで無口で短いのよね。だけど今日も無事に帰ってくるんだなあと、なんだかホッとさせられます。メール着信音に子供たちもすぐ反応して「お父さんから？」と、笑顔になります。これからも無口なメールをみんなで待ってます。

以上例文是恋人、夫妻之间的手机短信，语言富于生活气息，情感表达明快而亲切。

例文 9

> Happy birthday!
> おーっと！誕生日も終わろうとしてるな
> メール来ないと思ったやろ？忘れるわけないやん！一番にくれた人は忘れがちやけど、こんなギリギリにメールする奴は俺だけやろ？？
> 逆に思えやすいやろ、逆に。今日はおめでとう。
> また明日なあ。

例文 10

> がんばるは点々が多すぎて気が重くなるから「かんばる」。これから抗がん剤うけて手術できるようになるまでは半年以上かかると思うけどかんばる。いっぱい元気もらったし負けないよ。今度逢えるときはハゲてま〜〜す。

以上例文是朋友之间祝贺生日、相互鼓励的短信。口语化的文风拉近了双方的关系，并准确而强烈地表达了内心的情感。

附录一　日语写作常用句型

一、说明文
～は～だ
～のである
～というのは～だ
～として有名だ
～あるし、～もある
～によると
～を上回る
～一方、～
～のだ
～ということだ
～わけだ

二、介绍文
私/〇〇さんは～です
私/〇〇さんは～来た/お越しになりました/いらっしゃいました/お見えになりました～です
～で/として働いています
～と思います
私の長所/短所は～ことです
私には～ところがあります。
私の嫌い/好き/得意/苦手な～は～です。
～こと/するのが嫌い/好き/得意/苦手です。
～のは～からです/～から、～

三、制作、使用类说明文
ル、テ型

～する前に

～した後で

四、感想文

～ようだ

～らしい

～かもしれない

～（の）ではないだろうか

五、日常信函

1. 季节问候语

　1月（睦月）

　　初春、厳冬、大寒、酷寒、極寒、降雪の侯、寒風の侯

　　謹賀新年

　　一面の銀世界

　　冬来たりなば春遠からじ

　2月（如月）

　　立春、節分、春寒、寒明け、晩冬、余寒、残寒

　　冬の名残りがなかなか去らず

　　いくらか寒さもゆるみ（寒气渐缓）

　　梅のつぼみもそろそろ膨らみ、何となく春めいて

　3月（弥生）

　　浅春、春分、早春、春色、春暖、麗日、軽暖の候、早春の候

　　春寒しだいに緩み

　　日増しに暖かさを増し（天气日渐变暖）

　　木々の緑日ごとに色めく季節

　4月（卯月）

　　春暖、陽春、春日、春和、春粧、仲春、春陽、温暖、桜花

　　春陽麗和の好季節

　　春たけなわ

　　葉桜の季節となり

　5月（皐月）

　　晩春、惜春、暮春、新緑、若葉、立夏

　　風薫る五月の空に鯉のぼりが

新茶の香り

　　初夏の風もさわやかな頃となり

6月（水無月）

　　青葉、深緑、初夏、夏秋、向暑、麦秋、入梅、梅雨

　　うっとうしい梅雨の季節

　　長かった梅雨もようやくあがり

　　空には白い雲が浮かび

7月（文月）

　　盛夏、真夏、向暑、猛暑、酷暑、炎暑、大暑、盛夏の候

　　爽快な夏（爽朗的夏季）

　　まぶしいほどの夏

　　近年にない暑さが続き

8月（葉月）

　　残暑、晩夏、初秋、新涼、立秋、秋暑、残炎、残暑の候

　　立秋とは名ばかりの暑さ続き

　　夜空に秋の気配を感じるころ

　　虫の声に秋も近づいた事を感じる昨今

9月（長月）

　　新秋、初秋、秋涼、爽秋、秋色、清涼、涼風、野分、秋分

　　秋の気配が次第に濃くなった

　　朝夕はめっきり涼しく

　　スポーツの秋を迎え

10月（神無月）

　　錦秋、秋涼、爽秋、仲秋、中秋、秋冷、菊花、紅葉

　　天高く馬肥ゆるの候

　　実りの秋となり

　　夜長の頃となり

11月（霜月）

　　晩秋の候、季秋、深秋、暮秋、落葉、季秋、立冬

　　冷気日ごとに加わり

　　鮮やかな紅葉の候となり

　　秋も一段と深まり

12月（師走）

　　寒冷、師走、歳末、歳晩、初冬の候

あわただしい師走となり

　　めっきり寒くなり（天气急剧变冷）

　　寒さもひとしお身にしみるころ

2. 向对方问候寒暄语

　　皆様お変わりなくお過ごしでございますか

　　ご一統様にはお変わりもなく

　　いよいよ御健勝にわたらせられ

　　皆様お障りもなくいらせられ

　　御機嫌よろしく

　　御壮健で何よりです

3. 报告近况的寒暄语

　　つぎに私共ではお陰様で皆々達者で過しておりますゆえ

　　幸いに何の異状もなく

　　愉快に働いております

　　ほがらかに暮しています

　　ずっと元気ですから

　　どうか御安心下さい

4. 文末用例

　　まずは右まで、取り急ぎお願い申し上げます。

　　切にご自愛を祈ります・ご健康を祈りあげます。

　　どうぞ皆様へよろしく願いあげます

　　ご多用のところ恐れ入りますが・ご返事を賜らば幸甚に存じます。

　　ご迷惑なお願い幾重にもお詫び申し上げます。

六、商务信函

1. 开头语

　　普通

　　○拝啓　○拝呈　○啓上

　　郑重

　　○謹啓　○謹呈　○恭敬

　　省略前文

　　○前略　略啓　○冠省

　　回信

　　○拝復　○敬復　○復啓

2. 寒暄语

　　新年のお祝い申し上げます

　　早春の候（早春时节）

　　梅雨の季節となりましたが

　　初夏の季節

　　盛夏の候

　　秋らしく感じられて……

　　寒さが増すこのごろ……

　　取り急ぎ用件のみ申し上げます。

　　いよいよご清栄の旨お喜び申し上げます。

　　ますますご隆盛のこととお慶び申し上げます。

　　貴社ますますご繁栄のこととお喜び申し上げます。

　　この度は一方ならずお世話になり、厚くお礼申し上げます。

　　こちらもおかげさまで無事に過ごしております。

3. 文末寒暄语

　　取り急ぎご通知（送付）いたします。

　　取り急ぎお返事（回答）申し上げます。

　　ご通知（送付）をお待ち申し上げます。

　　お返事（回答）をお待ちいたしております。

　　至急ご回答下さいますよう、お願い申しあげます。

　　何とぞよろしくお願い申し上げます。

4. 结尾寒暄语

　　一般

　　○敬具　○拝具　○敬白

　　郑重

　　○謹言　○謹白

　　省略寒暄语

　　○早々　○不一　○不備

七、演讲文

……に当たり（当たりまして）

　　……が開催されるに当たり

　　……の…式を盛大に挙行するに当たり

　　……会を開催するに当たり

……会を開催されるに当たり
　　……式を盛大に挙行されるに当たり
　　……を催すに当たり
……を開くに当たり
……を迎えるに当たり
……の開幕に当たり

一言ごあいさつします。
ちょっとごあいさついたします。
ごあいさつさせていただきます。
ちょっとごあいさつを申し上げます。
ごあいさつ申し述べさせていただきます。
お祝いします。
お祝いいたします。
お祝いさせていただきます。
お祝いを申し上げます。
祝賀の意を表したいと思います。
祝賀の辞を述べさせていただきます。
ご盛会を祝し、祝賀させていただきたいと思います。
祝辞を述べさせていただきます。
祝意を申し上げます。

……はまことに喜ばしいことです（であります、でございます）。
……は、私にとってまことにうれしいことです（であります、でございます）。
まことに喜ばしく思います（存じます）。
非常にうれしく思います（存じます）。
私の喜びとするところです。
私の非常な喜びとするところであります。
最も喜びとするところです。
まことに喜びにたえないところであります。
このうえない喜びであります。
このうえもなく喜びに存じます。

簡単ながら私のあいさつといたします。

まことに粗辞でございますが、お祝いのことばといたします。
簡単でありますが、以上を持ちまして式辞といたします。
私の祝辞にかえさせていただきます。
はなはだ粗辞ながらお祝いのことばといたします。
私のあいさつを終わります。
ごあいさつの要旨であります。
ごあいさついたす次第であります。
深甚なる祝意を表する次第でございます。
ご祝辞といたします。
以上を持ちまして私のあいさつといたします。
私の話はこのへんで終わります。
ご清聴ありがとうございます。

ご開業をお祝い申し上げます。
ご竣工をお祝い申し上げます。
ご落成をお祝い申し上げます。

御社のご隆盛をお祈りいたします。
商売繁昌をお祈りいたします。
御隆盛をお祈りいたします。
御多幸をお祈りいたします。
社運のますます御隆盛あらんことをお祈り申し上げます。
御繁栄と御多幸をお祈り申し上げます。

ご成功を祈って止みません。
立派に成功をおさめるよう祈念いたします。
輝かしいご成功をおさめられますよう心からお祈りいたします。

ようこそ
ようこそ/よくいらっしゃいました。
ようこそ/よくおいでになりました。
ようこそ/よくおいでくださいました。
おいでをお待ち（いた）していました。
心から歓迎（いた）します。

心から/衷心より歓迎の意を表します。
皆様のご来訪を心からお待ちしております。
皆様のご光来に対して心から歓迎いたします。
有朋自远方来，不亦乐乎：
朋有り遠方より来たる、また楽しからずや
（友人が遠くからたずねてきて、それもまた楽しいことではないか）。

ご来訪を歓迎します。
ご来訪を心からお待ち申し上げます。
おいでを楽しみにお待ちしております。
ご光来を仰ぎます。
ご光来/光臨をお待ちしています。
ご来臨を乞います。
ご来駕をお待ちいたします。
ご臨席をお願いいたします。
ご出席を賜わりますようお願いいたします。
ご光臨の栄を賜わりますようお願いいたします。

（どうぞ）またいらっしゃい。
　　　　　来てください。
　　　　　いらっしゃってください。
　　　　　いらしてください。
　　　　　おいでください。
　　　　　おいでをお待ちしています。

また会いましょう。
　　　お会いしましょう。
　　　お目にかかりましょう。
　　　お目にかかりたいものです。
　　　お目にかかれる日を楽しみにしています。
　　　お会いできる日を楽しみにしています。
　　　再会できる日を楽しみにしております。

どうぞお元気で（さようなら）。

ご機嫌よう（さようなら）。
どうぞご無事で（さようなら）。
道中ご無事で（さようなら）。
ご無事をお祈りします。
ご道中のご無事をお祈りいたします。
途中の無事をお祈りしたします。
途中御順調をお祈りしたします。

心からのご歓待/おもてなし
心こもるご歓待/おもてなし
心にあたたまるご歓待/おもてなし
至れり尽くせりのご歓待/おもてなし
ご厚情あふれるご歓待/おもてなし
暖かいおもてなし
手厚いおもてなし
ご丁重なおもてなし
細心のご手配おもてなし
懇篤（こんとく）なおもてなし

ごちそうになりまして
ごちそう/お招き/ご招待/おもてなし/ご歓待/ご供応/引き立てを受けまして
　　　　　　　　　　　　　　　　にあずかりまして
　　　　　　　　　　　　　　　　をいただきまして
　　　　　　　　　　　　　　　　を賜わりまして

お世話/ご配慮/ご高配/力添え　によって（＝よりまして）
　　　　　　　　　　　　　　にあずかりまして
　　　　　　　　　　　　　　をいただきまして
　　　　　　　　　　　　　　を賜わりまして

（いろいろと）お世話になりました。
（いろいろと）お世話をかけました。
（いろいろと）随分ご迷惑をおかけしました。
（いろいろと）随分ご厄介になりました。

（いろいろと）ご面倒をおかけしました。
大変お世話になりました。
どうもお世話さまでした。
（どうも、ほんとうに）ありがとうございます/ました。
（どうも）恐れ入ります。
大変恐縮です。
（まことに）感謝にたえません。
（心から）感謝いたします/いたしております。
（心から）厚くお礼（を）申し上げます。
お礼の言葉もございません。
何とお礼を申し上げていいか分かりません。

八、祝賀

生日：お誕生日おめでとうございます。
入学：ご入学おめでとうございます。
合格（考取、考上）：ご合格おめでとうございます。
　　　　　　　　　栄（はえ）ある合格をお祝い申し上げます。
毕业：ご卒業おめでとうございます。
　　　ご卒栄おめでとうございます。
荣升：ご栄進おめでとうございます。
　　　ご栄進をおいわいいたします。
当选（中标、选中）：ご入選/当選おめでとうございます。
祝寿：還暦のお祝いを申し上げます。（60才）
　　　喜寿のお祝いを申し上げます。（77才）
　　　米寿のお祝いを申し上げます。（88才）
鹏程万里：洋々たる前途をお祝します。
　　　　　前途の御多幸をお祈りいたします。
　　　　　前途に栄光あらんことをお祈りいたします。
　　　　　前途ますます御多幸あらんことをお祈りいたします。

九、学术论文

～は～である
～ている
～と言われている

～た
～であった
～てきた
～とする
～と述べる
～と分析する
～と結論付ける
～明らかにする
～研究がない
～は十分ではない
～には言及していない
～は言及されていない
～だけである
～に止まっている
～は～に問題がある
～には問題点がある
それは～ことである
～は～が十分ではない
～が行われていない
～では～できない
～について明らかではない
どうして・どのように・いつ・どこで～のだろうか
果たして・本当に～のだろうか
本稿の目的は～ことである
～ことが本稿の目的である
～を検討する・考察する・分析する・明らかにする・探る
本稿では～る・たい
以下では～を検討する・考察する・分析する・明らかにする・探る
～を扱う・取り上げる・用いる
～に限定する
まず最初に～
次に～
最後に～
まず第一に～

第二に〜
最後に（第三に）〜
〜章では〜
〜（数値）に（も）及ぶ・達する・至る・上る
〜（概数）をはるかに超える・越す・上回る
〜に過ぎない・止まる・抑えられる
〜のみである
〜しかない
〜をはるかに（大きく）下回る
〜以下
〜より少ない
〜未満
〜足らず
〜に（も）満たない・及ばない

著者（刊行年）は、〜（ページ）と述べている。
著者（刊行年）によると、〜（ページ）。
〜は〜（著者（刊行年）ページ）のである。
著者の『出典』によれば（よると）、論ずるテーマは「引用文」という（ことだ）（だ）そうだ・そうである。
論ずるテーマについて、著者は『出典』で（の中で）「引用文」と　― 言っている・述べている・書いている・語っている・主張している・説明している・訴えている

つまり・すなわち・言い換えれば〜である・というわけである。
〜から〜が分かる・認められる・うかがえる・うかがわれる
これは〜ということを意味している・示している・表している

（私は）（著者名）の見解/意見/考えに賛成である。
（著者名）が述べているように〜
〜ことは（著者名）が述べている通りである
（著者名）の〜という見解が注目される
（著者名）が〜と述べていることが注目される
この点では/この点については/私は（著者）の見解に　異論はない。
私は（著者名）の見解には異論がある。
私は（著者名）とは見解を異にする。

私は（著者名）の見解には同意できない。
（著者名）の見解には疑問がある。

本当に/果たして/なぜ　　　～の（だろう）か
　　どう～のだろうか　　　——　　どう解釈するのだろうか
　　どうして～だろうか　　——　　どうして増加したのだろうか
　　どんな～だろうか　　　——　　どんな原因だろうか
　　何が～だろうか　　　　——　　何が原因だろうか
　　なぜ～だろうか　　　　——　　なぜそのような結果になったのだろうか
～（の）かというと
～（の）かと言えば

このように～ことができる・ように思われる
以上のことから～たほうがよい・だろう。
以上のように～ていい・のではないか。
従って、～

このように～が明らかになる。
以上～ということがわかる。
以上のことから～結論つけられる。

要するに～のである
このように～のではない（だろう）か
つまり、

結論を言えば～ということである。
結論から先に言えば、～のである。
　　　　　　　　　　　　　～のではない（だろう）か。

～が（今後の・今後に残された）課題である。
今後の課題は～である。
～はさらに～的に（～ていく）ねばならない
　　より詳細に～の視点から～する必要がある。
～は稿を改めて論じる
～は別稿に譲る
　・～は（学問分野）にとって　　　（今後・将来）の大きな課題である

附录二　练习参考答案

第三章　介绍文（一）

参考答案
　　略

第四章　介绍文（二）

1. 参考答案
　　略
2. 参考答案

万里の長城

　　万里の長城は世界的に有名な建築物である。1987年に世界遺産になった。長さは、東の山海関から西の嘉峪関まで、約6700kmである。

　　長城はかつて軍事設備であった。春秋戦国時代、国内にはたくさんの小国があった。それぞれの国の国王は、国の周りに高い城壁を作った。それで外敵を防いだのである。

　　紀元前221年、秦の始皇帝は国を統一した。そして、各国の城壁を繋いだ。秦王朝の後も、各王朝の皇帝たちは長城の建造工事を続けた。15世紀に長城はようやく今日の長城になった。

　　万里の長城には中国国内外から大勢の観光客が訪れる。観光客たちはここで壮大な今の景色を楽しむ。そして、過去の歴史を創造する。

第五章　说明文（一）

1. 参考答案

桜の花

　　桜は日本の代表的な花である。毎年春になると、日本の各地で美しい花を咲かせ、人々を楽しませる。

　　桜にはどのぐらい種類があるのだろうか。桜は、昔から日本の野や山に自然に生えていたが、種類はあまり多くなかった。しかし、人々の手によっていろいろな種類が作られ、

今では、三百種ぐらいになっている。

　桜の花は、色は大体同じで、ほとんど白かピンクである。ピンクには薄いのも、濃いのもある。花びらはふつう五枚あって、輪のように丸く並んでいる。

　桜の花は暖かくなってから咲くが、花の開く日は地方によって違う。日本は、南北に細長い国なので、南の端と北の端とでは緯度の差が２０℃もあり、気候も違う。北へ行けば行くほど桜の咲く時期が遅くなるのである。

　桜の花は開いてからたった四日か、五日で散ってしまう。人々は美しい花が散らないうちに、桜の木下に集まり、お酒を飲んだり、ご馳走を食べたり、歌を歌ったりして楽しむ。これは花見という行事で、三月から五月にかけて各地で行われる。

　桜の花は、見て楽しむだけではない。人々は、桜の花びらから作った桜茶を飲み、桜の葉を巻いた桜餅を食べたりして、春という季節を感じる。桜の花は、日本人にとって春を象徴する花なのである。

２．参考答案

<新疆大震災>

発生日時：2003年2月24日　　　　　震源地：中国北西部，新疆
マグニチュード：M6.8　　　　　　　死者：調査中（現在266人）
重傷者：調査中（現在750人）　　　　全半壊建物：調査中（現在50,000戸）
現地からの報告：
現地からの報告：

1949年の新中国建国以来、1976年の唐山大地震に次いで、被害の大きい地震である。倒壊した建物の中には学校もあり、子供たちの安全が心配だ。また、被災地は非常に寒いので、被災者の方々に防寒具の提供も必要だ。

貯水施設にも被害が出ていて、現地での飲料水の確保が必要になっている。

第六章　説明文（二）

１．参考答案

食堂利用の仕方の案内

　食堂の利用の仕方を案内します。まず、サンプルケースで食べたいメニューを決めてかた、食券自動販売機で食券を購入します。次に、トレイをとって、出食レーンに並びます。それから、レーンに沿って進み、所定の場所に食券を出し、購入した食券の食事をもらいます。箸、スプーンを取って、必要な方は好みの調味料をかけます。お茶、お水などが必要な方は、セルフでどうぞ。

> 食堂が込む時には、席を譲り合って、楽しく食事をしてください。
>
> なお、食事が終わったら、お皿を返却口に返します。ゴミは分別してゴミ箱へ入れ、残飯は所定の所に捨て、食器は種類別に重ねて置きます。

2．参考答案

　略

第七章　日常信函

1．参考答案

> 　　小島君。このたびのことは筆にするさえお気の毒に思います。さぞ残念なことでしょう。君の気持ちわかります。しかし、しかしです。大学の入試が一生にただ一度のものであったとすれば落胆するのも無理ないけど、一年に一度行われるものだし、買うなんか馬にくわせるほどあり……いや失敬……とにかく機会と学校はいくらでもあるのだから、今回の失敗の如きは大して気にすべきことではないと思う。
>
> 　　むしろ、これをよい試練、経験と考えて、来年度を期して勉強してください。「失敗は成功の母」「かんなん汝を玉にす」という先人のことばもあるくらいです。
>
> 3月15日
>
> 　　　　　　　　　　　　　　　　　　　　　　　　　　　　　王○○

2．参考答案

信封正面	信封背面
○○○○○ 北海道夕張市清水沢三二五 田中秀明	埼玉県浦和市大崎四一 大崎団地B棟四二 王○○

第八章　商务信函

1．参考答案

お取引お願いの件

　拝啓　盛夏の候、貴社ますますご隆昌のこととお喜び申し上げます。
　さて、突然にお手紙を差し上げまして、失礼の段お許しください。
　実は、貴社との新規取引をお願い申し上げたく、本状をしたためた次第でございます。
　事務機器の製造販売を続けてまいりまして三十年余りになります弊社では、このたび新型の簡易コピー機を開発いたしまして、業界の注目を集めております。販売状況もきわめて好調のため、大量生産に踏み切ったのでございますが、現在のところ小売店に直卸で行っておりますので、販売方に手数がかかって難儀している状態でございます。
　つきましては、総合商社の大手であられる貴社に販売方をご依頼いたしたく、お願い申し上げる次第です。当コピー機は機能・品質ともに画期的な製品で消費者の好評を博しておりますし、貴社にもご満足いただけるものと確信いたしております。
　なお、お取引条件などにつきましては別紙案内書をご高覧のうえ、ご検討くださいますようお願い申し上げます。
　まずは、書面にて失礼ながら、なにとぞよろしくお願い申し上げます。

敬具

2．参考答案

　新製品「」お取引ご承諾の件
　拝復　陽春の候、貴店ますますご繁栄のこととお喜び申し上げます。
　さて、四月十日付貴信、確かに拝受いたしました。弊社とのお取引をご希望との由、まことにありがとうございます。さっそく役員会にて検討の結果、お申し出を喜んで承諾することになりましたので、ここに謹んでお知らせ申し上げます。
　ご高承のとおり、今春発売の弊社新製品「」はよそ以上の好評を得ておりまして、ただいま各工場で量産態勢に入っているところでございます。
　営業部員なども全国各地に派遣いたしまして、販売キャンペーンに勤めておりますが、貴地方にはまだ販路が開けていない状況でした。したがって、貴店からお取引お申し越しは、弊社にとりましても誠にありがたく存じている次第でございます。
　つきましては弊社の営業案内書ならびにカタログ等を同封いたしましたので、ご高覧のうえ、ご注文の参考にしていただければ幸いに存じます。
　まずは、ご挨拶かたがたお返事まで。

敬具

記

同封書類　　　　　　　営業案内書　製品カタログ　　各一通

以上

应 用 篇
第十五章　祝贺信

1．参考答案

> 謹啓　新緑の候、ますますご繁栄のこととお喜び申し上げます。
> 　さて、このたび貴店のご令嬢麗子様にはめでたく華燭の典を挙げられましたとの由にて、誠におめでとうございます。
> 　ご新郎は星田電機の若社長様とのことで、すばらしいご縁組みが相調われましたことに心からお祝い申し上げます。お二人の前途に幸多からんことを祈りますとともに、ご両家のご繁栄を祝福申し上げます。
> 　まずは、略儀ながら書中をもってご祝詞申し上げます。
> 　　　　　　　　　　　　　　　　　　　　　　　　　　　　　　　　　　　　　敬白

2．参考答案

> 拝啓　初春の候、ますますご盛栄のこととお喜び申し上げます。
> 　さて、このたび若社長様の奥様には、男児のお子様をご出産との由を承りましたが、誠におめでとうございます。さっそく貴社の後継者となられる方がおできになって、お喜びもひとしおでございましょう。
> 　これを機に、ますます社業が栄えていかれますよう、心からお祈り申し上げます。
> 　なお、お祝いのしるしに高田デパートより心ばかりの品をお送り申し上げましたので、ご笑納いただければ幸いに存じます。
> 　まずは、略儀ながら書中にてお祝い申し上げます。
> 　　　　　　　　　　　　　　　　　　　　　　　　　　　　　　　　　　　　　敬具

第十六章　邀请函

1．参考答案

> 　奥様には女子御出産とのこと、お喜び申し上げます。
> 　上のお二人が坊ちゃんで、ぜひお嬢さんがほしいと望んでおられたのですから、貴方様も奥様もお喜びはさぞかしと存じます。女の子は男の子と違って、やさしくてかわいいものです。きっと美しいお嬢様にお育ちになることでしょう。
> 　お子さまの健やかな成育と奥様のお肥立ちの早からんことを祈ります。
> 　まずは略儀ながら、書中にてお祝い申し上げます。

2．参考答案

　　お祝いのお手紙ありがとうございました。野口さんのお手紙を拝見しているうちに、うれしさがまたこみ上げてきました。
　　ぜひとも入学したかった大学なので、両親もとても喜んでくれました。浪人中は精神的にまいりそうになったことも何度かありましたが、野口さんの体験談が何度も力づけてくれました。N大に合格できたのも、野口さんのお力添えによるものと感謝しています。
　　N大がだめならM大にしようとおもっていましたが、これで安心しました。今後はN大正として努力するつもりです。また、大学に入ったらヨットをやりたいと思っていますので、ぜひ手ほどきをしてください。
　　両親からもくれぐれもよろしくとのことです。まずはお礼まで。

3．参考答案

拝啓
　　時下ますます御清栄の段大慶に存じます。
　　さて、私議、かねて宿願のスポーツ用品店を、きたる三月一日を期して開店いたすことになりました。これひとえに皆様のご支援とご指導のたまものと深く感謝いたしております。
　　つきましては、従来の御芳情に深謝し、なおいっそうの御鞭撻を賜りたく存じまして、二月十五日（日）午後より弊店二階にて開店披露パーティーを催します。ご多用恐縮ではございますが、御来店いただきたくお願いいたします。
　　　　　　　　　　　　　　　　　　　　　　　　　　　　　　　　敬具
　　平成十九年一月十日

北京市高等教育自学考试课程考试大纲

课程名称：日语写作　　课程代码：05820　　2010年10月版

第一部分　课程性质与设置目的

一、课程性质和特点

日语写作是北京市高等教育自学考试日语专业（本科）的一门重要专业课。

设置本课程的目的在于通过对日语常用写作体裁的学习与训练，使学习者加深对日语语言、结构、逻辑等的理解和运用，使学习者具有全面扎实的日语知识结构，为从事相关的工作打下良好的基础。

二、本课程的基本要求

掌握日语标点符号及口语和书面语的使用。

掌握说明文、介绍文、信函等各种写作体裁的语言、结构及用法等。

能够用规范的语言写作。

三、与本专业其它课程的关系

本课程是一门写作课程，需要重视对语言的学习、运用和提高。同时，本课程还要求学习者掌握相关语法及专业词汇的基础之上，能够掌握日语的写作技巧，并独立完成日语写作。

第二部分　课程内容与考核目标

第一章　标点符号及其使用

一、学习目的与要求

通过本课的学习，掌握日语的书写格式及标点符号的用法，注意与汉语用法的区别。

二、考核知识点与考核目标

（一）书写格式

应用：作文的书写格式。

（二）标点符号及其用法

应用：标点符号的写法及用法。

第二章　书面语与口语

一、学习目的与要求

通过本课的学习，掌握书面语的正确用法，注意与口语用法的区别。

二、考核知识点与考核目标

（一）书面语中的敬简体

理解：敬体和简体。

（二）书面语中不使用口语词汇

理解：书面语与口语的区别。

（三）书面语中不使用口语中的缩略形式

理解：口语的缩略形式。

（四）书面语中不使用终助词

理解：终助词。

（五）书面语中尽可能避免使用拟声词、拟态词

理解：拟声词、拟态词。

第三章　介绍文（一）

一、学习目的与要求

通过本课的学习，掌握自我介绍文和一般介绍文的特点及写作方法。

二、考核知识点与考核目标

（一）自我介绍文的特点及写作要求

理解：自我介绍文的特点、写作要求。

应用：自我介绍文的写法。

（二）一般介绍文的特点及写作要求

理解：一般介绍文的特点、写作要求。

应用：一般介绍文的写法。

第四章　介绍文（二）

一、学习目的与要求

通过本课的学习，熟读介绍文的典型范文，掌握介绍文的特点及写作方法。

二、考核知识点与考核目标

（一）写作要点

理解：介绍文的写作要点。

应用：介绍文的写法。

（二）例文

应用：介绍文的例文。

第五章　说明文（一）

一、学习目的与要求
通过本课的学习，掌握说明文的特点及写作方法，并熟记说明文的常用句型。
二、考核知识点与考核目标
（一）说明文的特点及写作要求
理解：说明文的特点、写作要求。
应用：说明文的写法。
（二）说明文常用句型
应用：说明文常用句型的正确使用。

第六章　说明文（二）

一、学习目的与要求
通过本课的学习，掌握制作方法类和使用类说明文的特点及写作方法。
二、考核知识点与考核目标
（一）使用类说明文的特点及写作要求
理解：使用类说明文的特点、写作要求。
应用：使用类说明文的写法。
（二）制作方法类说明文的特点及写作要求
理解：制作方法类说明文的特点、写作要求。
应用：制作方法类说明文的写法。

第七章　日常信函

一、学习目的与要求
通过本课的学习，掌握日常信函的写作格式及方法，并熟记日常信函的常用语句。
二、考核知识点与考核目标
（一）日常信函的格式
应用：日常信函的写法。
（二）常用语句
应用：日常信函中常用语句的正确使用。
（三）信封的写法
应用：信封的正确写法。

第八章　商务信函

一、学习目的与要求
通过本课的学习，掌握商务信函的写作格式及方法，并熟记商务信函的常用语句。

二、考核知识点与考核目标

（一）商务信函的格式

应用：商务信函的写法。

（二）常用语句

应用：商务信函中常用语句的正确使用。

第九章　日记

一、学习目的与要求

通过本课的学习，了解日记的种类和注意事项，掌握日记的格式和写作方法。

二、考核知识点与考核目标

（一）日记的格式

应用：日记的写法。

（二）日记的种类

理解：日记的种类。

（三）写日记注意事项

理解：写日记时的注意事项。

第十章　感想文

一、学习目的与要求

通过本课的学习，了解感想文的种类、语言特点和注意事项，掌握感想文的写作方法。

二、考核知识点与考核目标

（一）感想文的种类

应用：感想文的写法。

（二）感想文的语言特点

理解：感想文的语言特点。

（三）写感想文注意事项

理解：写感想文时的注意事项。

第十一章　演讲文（一）

一、学习目的与要求

通过本课的学习，掌握不同场所使用的不同致辞，并熟记不同场合的常用致辞。

二、考核知识点与考核目标

（一）开幕式或闭幕式上的致辞

应用：开幕式或闭幕式上的致辞的写法。

（二）欢迎会、欢送会上的致辞

应用：欢迎会、欢送会上致辞的写法。

（三）婚礼和葬礼上的致辞

应用：婚礼和葬礼上致辞的写法。

第十二章　演讲文（二）

一、学习目的与要求

通过本课的学习，了解演讲稿的种类，掌握演讲稿的写作格式和方法。

二、考核知识点与考核目标

（一）演讲稿的格式

应用：演讲稿的写法。

（二）演讲稿的种类

理解：演讲稿的种类。

（三）演讲稿的写作要求

理解：演讲稿的写作要求。

第十三章　研究报告

一、学习目的与要求

通过本课的学习，了解研究报告的种类，掌握研究报告的写作方法。

二、考核知识点与考核目标

（一）研究报告的种类

应用：研究报告的写法。

（二）研究报告的写作要求

理解：研究报告的写作要求。

第十四章　学术论文

一、学习目的与要求

通过本课的学习，了解论文的基本结构和语言特征。

二、考核知识点与考核目标

本章仅供教师参考，不在考试范围之内。

第十五章　祝贺信

一、学习目的与要求

通过本课的学习，熟读祝贺信的例文，掌握的祝贺信的常用语句和写作方法。

二、考核知识点与考核目标

（一）写作要点

应用：祝贺信的写法。

（二）例文

应用：祝贺信的例文。

第十六章　邀请函

一、学习目的与要求

通过本课的学习，熟读邀请函的例文，掌握邀请函的写作方法。

二、考核知识点与考核目标

（一）写作要点

应用：邀请函的写法。

（二）例文

应用：邀请函的例文。

第十七章　感谢信

一、学习目的与要求

通过本课的学习，熟读感谢信的例文，掌握的感谢信的写作方法。

二、考核知识点与考核目标

（一）写作要点

应用：感谢信的写法。

（二）例文

应用：感谢信的例文。

第十八章　慰问信

一、学习目的与要求

通过本课的学习，熟读慰问信的例文，掌握的慰问信的写作方法。

二、考核知识点与考核目标

（一）写作要点

应用：慰问信的写法。

（二）例文

应用：慰问信的例文。

第十九章　通知

一、学习目的与要求

通过本课的学习，熟读通知的例文，掌握的通知的写作方法。

二、考核知识点与考核目标

（一）写作要点

应用：通知的写法。

（二）例文

应用：通知的例文。

第二十章　诉讼文

一、学习目的与要求

通过本课的学习，了解诉讼文的写作要点。

二、考核知识点与考核目标

本章仅供教师参考，不在考试范围之内。

第二十一章　明信片

一、学习目的与要求

通过本课的学习，熟读明信片的例文，掌握明信片的写作要点和方法。

二、考核知识点与考核目标

（一）写作要点

应用：明信片的写法。

（二）例文

应用：明信片的例文。

第二十二章　假条、便条

一、学习目的与要求

通过本课的学习，熟读假条、便条的例文，掌握假条和便条的写作要点和方法。

二、考核知识点与考核目标

（一）写作要点

应用：假条、便条的写法。

（二）例文

应用：假条、便条的例文。

第二十三章　介绍信

一、学习目的与要求

通过本课的学习，掌握介绍信的写作要点和方法。

二、考核知识点与考核目标

（一）写作要点

应用：介绍信的写法。

（二）例文

应用：介绍信的例文。

第二十四章　证明信

一、学习目的与要求

通过本课的学习，掌握证明信的写作要点和方法。

二、考核知识点与考核目标

（一）写作要点

应用：证明信的写法。

（二）例文

应用：证明信的例文。

第二十五章　询问信

一、学习目的与要求

通过本课的学习，熟读询问信的例文，掌握询问信的写作要点和方法。

二、考核知识点与考核目标

（一）写作要点

应用：询问信的写法。

（二）例文

应用：询问信的例文。

第二十六章　传真

一、学习目的与要求

通过本课的学习，熟读传真的例文，掌握传真的写作要点和方法。

二、考核知识点与考核目标

（一）写作要点

应用：传真的写法。

（二）例文

应用：传真的例文。

第二十七章　电子邮件

一、学习目的与要求

通过本课的学习，熟读电子邮件的例文，掌握电子邮件的写作要点和方法。

二、考核知识点与考核目标

（一）写作要点

应用：电子邮件的写法。

（二）例文

应用：电子邮件的例文。

第二十八章　手机短信

一、学习目的与要求
通过本课的学习，熟读手机短信的例文，掌握手机短信的写作要点和方法。
二、考核知识点与考核目标
（一）写作要点
应用：手机短信的写法。
（二）例文
应用：手机短信的例文。

第三部分　有关说明和实施要求

一、考核的能力层次表述
本大纲在考核目标中，按照"识记"、"理解"、"应用"三个能力层次规定其应达到的能力层次要求。各能力层次为递进等级关系，后者必须建立在前者的基础上，其含义是：

识记：能知道有关的名词、概念、知识的含义，并能正确识记和表述，是低层次的要求。

理解：在识记的基础上，能全面把握基本概念、基本原理、基本方法，能掌握有关概念、原理、方法的区别和联系，是较高层次的要求。

应用：在理解的基础上，能运用基本概念、基本原理、基本方法联系学过的多个知识点分析和解决有关的理论问题和实际问题，是最高层次的要求。

二、指定教材
《日语写作》，北京大学出版社，金勋编著，2010年版。
三、自学方法指导
1. 在开始阅读指定教材某一章之前，先翻阅大纲中有关这一章的考核知识点及对知识点的能力层次要求和考核目标，以便在阅读教材时做到心中有数，有的放矢。
2. 阅读教材时，要逐段细读，逐句推敲，集中精力，吃透每一个知识点，对基本概念必须深刻理解，对基本理论必须彻底弄清，对基本方法必须牢固掌握。
3. 在自学过程中，既要思考问题，也要做好阅读笔记，把教材中的基本概念、原理、方法等加以整理，这可从中加深对问题的认知、理解和记忆，以利于突出重点，并涵盖整个内容，可以不断提高自学能力。
4. 完成书后作业和适当的辅导练习是理解、消化和巩固所学知识，培养分析问题、解决问题能力的重要环节。在做练习之前，应认真阅读教材，按考试目标所要求的不同层次，掌握教材内容，在练习过程中对所学知识进行合理的回顾和发挥，注重理论联系实际和具体问题具体分析，解题时应注意培养逻辑性，针对问题围绕相关知识点进行层次分明的论述或推导，明确各层次间的逻辑关系。

四、对社会助学的要求
1. 应熟知考试大纲对课程提出的总要求和各章的知识点。
2. 应掌握各知识点要求达到的能力层次，并深刻理解对各知识点的考核目标。
3. 辅导时，应以考试大纲为依据，指定的教材为基础，不用随意增删内容，以免与大纲脱节。

4. 辅导时，应对学习方法进行指导，宜提倡"认真阅读教材，刻苦钻研教材，主动争取帮助，依靠自己学通"的方法。

5. 辅导时，要注意突出重点，对考生提出的问题，不要有问即答，要积极启发引导。

6. 注意对应考者能力的培养，特别是自学能力的培养，要引导考生逐步学会独立学习，在自学过程中善于提出问题，分析问题，做出判断，解决问题。

7. 要使考生了解试题的难易与能力层次高低两者不完全是一回事，在各个能力层次中会存在着不同难度的试题。

8. 助学学时：本课程共4学分，建议总课时72学时。其中助学学时分配如下：

章 次	课 程 内 容	助学学时
1	标点符号及其使用	2
2	书面语与口语	2
3	介绍文（一）	2
4	介绍文（二）	2
5	说明文（一）	3
6	说明文（二）	3
7	日常信函	3
8	商务信函	3
9	日记	3
10	感想文	3
11	演讲文（一）	2
12	演讲文（二）	2
13	研究报告	3
14	学术论文	1
15	祝贺信	3
16	邀请函	3
17	感谢信	3
18	慰问信	3
19	通知	3
20	诉讼文	1
21	明信片	3
22	假条、便条	3
23	介绍信	3
24	证明信	3
25	询问信	3
26	传 真	3
27	电子邮件	2
28	手机短信	2
合 计		72

五、关于命题考试的若干规定

1. 本大纲各章所提到的内容和考核目标都是考试内容，试题覆盖到章，适当突出重点。
2. 试卷中对不同能力层次的试题比例大致是："理解"为30%，"应用"为70%。
3. 试卷中的难易程度比例大约为：易：较易：较难：难=2：3：3：2
4. 试题类型一般分为：短文写作、写读后感。
5. 考试采用闭卷笔试，考试时间150分钟，采用百分制评分，60分及格。

六、题型示例（样题）

一、下の指示文に従って、短い文を書きなさい。（40分）

指示：1. ある日本人の友人を想定し、彼（彼女）へ手紙を書きなさい。
　　　2. 日本語の勉強や自分が見た、感じた日本、日本人、日本の社会、文化などをテーマを中心に書きなさい。
　　　3. 400字前後。

二、テーマ：地球環境のために私たちができること（60分）

指示：次の文を読んでから、作文しなさい。（約700字）

　皆さんは、みそ汁やラーメンの汁を、何気なく流しに捨てていませんか。もしもラーメンの汁200mlを捨てた場合、魚が住める水質にするために必要な水の量は、風呂おけ（一杯300ml）3.3倍分になります。使用済みの天婦羅油500mlを流したならば、風呂おけ330杯分もの水が必要になります。

　お皿や鍋を洗う時も、食べかすや油などがついたまま洗い流してしまえば、水の流れの大きな原因となります。逆に、使用済みの天婦羅油を古新聞や古雑巾等に吸い込ませてごみとして出したり、お皿や鍋の汚れを紙でふきとってから洗ったりすれば、水の汚れを相当減らすことができます。「台所は海の入り口」と言えるのです。

　このように、私たちの生活は、環境と非常に密接につながっています。私たち一人一人のちょっとした不注意が、環境をかなり破壊してしまうことがあるし、ほんのわずかな子力や工夫が環境を大きく助けることにもなるのです。地球環境が美しく保たれるかどうかは、私たちの生活のあり方にかかっているといえるのです。

　地球環境の危機という問題は、これまで私たちが行ってきた生活や政策の結果として生じたものです。ということは、逆に言えば私たち自身のなかに、その危機を食い止める力もあるということです。

　私たち一人一人の行動は、それ自体では小さなものであっても、それらの集積が地球を変える大きな力になるのです。では、私たちが具体的にできることは何か考えてみましょう。